杨澄甫—武汇川—张玉—黄仁良

# 杨式传统太极拳
# 修 习 心 悟

黄仁良 著

上海科学技术出版社

杨式传统太极拳·修习心悟

图书在版编目(CIP)数据

修习心悟 / 黄仁良著. —上海：上海科学技术出版社，2019.1
(杨式传统太极拳)
ISBN 978-7-5478-4237-9

Ⅰ.①修… Ⅱ.①黄… Ⅲ.①太极拳—基本知识 Ⅳ.①G852.11

中国版本图书馆CIP数据核字(2018)第243759号

**杨式传统太极拳·修习心悟**

黄仁良　著

上海世纪出版(集团)有限公司
上海科学技术出版社　出版、发行
(上海钦州南路71号　邮政编码200235　www.sstp.cn)
苏州望电印刷有限公司印刷
开本 787×1092　1/16　印张 8.5　插页 2
字数 110千字
2019年1月第1版　2019年1月第1次印刷
ISBN 978-7-5478-4237-9/G·873
定价：35.00元

# 内容提要

本书是作者集六十多年习拳和授拳经验，在杨式太极拳基本理论的基础上，结合自己的理论研究和心得感悟编写而成。本书着重阐述太极拳中的阴阳之理、阴阳转化与平衡和谐，强调习练中的生理和心理的统一，强调应用中对立统一的辩证关系。作者认为在太极拳锻炼中，应当实践与理论相结合，由理论指导实践，打破太极拳锻炼中的某些玄虚之说，提倡科学练拳；而不断提高太极拳修习水平和达成一定境界，贵在心悟！

# 前言

杨式传统太极拳是由永年杨露禅所创，历经杨露禅及其子杨班侯、杨健侯，其孙杨少侯、杨澄甫，祖孙三代人的努力，形成了一门独特的武术流派。尤其是杨澄甫先生，堪称杨式传统太极拳的一代宗师。杨式传统太极拳将养生与技击融为一体，以技法为武之用，以养生为文之体，体用俱全、内外兼修。

武汇川是杨澄甫的入室大弟子。作为杨澄甫先生的首徒，武汇川先生长期担任杨澄甫先生"相手"(陪练)，跟随杨澄甫先生演练的机会最多。1927年，武汇川先生在上海创办了"汇川太极拳社"，由他校阅的《太极拳谱》成为太极拳理研究的经典之作。

张玉，又名张玺亭，自幼在杨家学习太极拳，后拜师武汇川。作为武汇川先生大弟子，他被列为杨门第五代传人。张玉先生的功夫得自杨门真传，内劲雄厚通透，且松沉柔弹。中华人民共和国成立后，张玉先生被聘为上海市武术协会教练、太极推手比赛总裁判，还在上海市体育宫开设太极拳推手训练班，常年在上海复兴公园免费授拳。

黄仁良，自幼习武，1968年拜张玉门下专心学习太极拳，深得杨式传统太极拳、剑、刀、枪、杆、推手、散手的各项真传，并坚持免费授拳。后由张玉先生推荐，黄仁良先生又跟从上海市武术协会主席顾留馨先生研修太极理论。黄仁良先生现为"上海汇川拳友会"总教练，在世纪公园、金杨文化广场等地常年设点授拳，先后培养学生已有三百余，跟从他学习交流的拳友几逾千人，这些学生活跃在金融、贸易、汽车、医疗、房地产等各个行业，也不乏外国友人。他们在黄仁良先生的无私精神和高超技艺的感召下，也热心于传承和推广杨式传统太极拳。多年来，黄仁良先生笔耕不辍，虽年逾八十，仍然坚持每天花大量精力和时间收集、整理有关杨式传统太极拳的史料，进行理论研究。他曾编著出版了《传统杨式太极拳习练指南》等书，在太极拳界反响热烈。

根据拳友的恳切期望，黄仁良先生将多年练拳心得汇编成“杨式传统太极拳”丛书出版，共分三册，即《行功走架》《推手进阶》《修习心悟》。行功走架、推手懂劲、劲力蓄发是杨式传统太极拳的三项锻炼必修课，这三部书即对照这样的修习进阶顺序进行安排，以充分满足从初学到高阶不同层次练拳者的需求。

《行功走架》介绍的是杨式传统太极拳早期拳架，即108式套路。拳架锻炼也叫走架，本书对照黄仁良先生的拳照，对108式套路的每一个招式进行详细分解说明，以便初学者对照学习。书中还介绍了一些基本功和站桩的要求，分析了走架中常见的一些训练弊病，以及就当今太极拳界在行功走架方面出现的一些似是而非的问题谈些切身体会。初学者可根据学拳的进程，配合阅读《行功走架》一书，全面理解每一个招式的攻防含义。

《推手进阶》一书对“太极推手”进行了系统阐述。推手是太极拳锻炼中特有的双人对练项目，在熟练掌握走架后，习练者便可进入推手训练，其目的是求懂劲，推手是懂劲入门的必由途径。杨式传统太极拳推手要求盘圈松柔，在松柔轻灵中获得知觉，有了灵敏的知觉才能懂劲，知己知彼方为懂劲，懂劲是太极拳进阶的门户。

功是人体的潜能，也称功力或内劲，拳术与功力虽为两种不同的概念，但在武术的攻防技击中必须两者融会贯通。走架，锻炼的是知己功夫；推手，锻炼的是知人功夫。知己知彼，熟练掌握引进落空和内劲蓄发的技术，对传统太极拳的修习尤为重要。走架和推手，两者相辅相成，走架是推手的根基，推手是太极拳的技击应用。王宗岳的《打手歌》云：“掤捋挤按须认真，上下相随人难进，任他巨力来打我，牵动四两拨千斤，引进落空合即出，沾连粘随不丢顶。”因此，读者应该根据自己的习练进程，循环往复不断研读《行功走架》和《推手进阶》这两本书，随着体悟的提高不断提升对太极拳理的心悟。

《修习心悟》一书是黄仁良先生在六十多年习拳和授拳过程中，对杨式传统太极拳拳理的一些心得体会。本书着重阐述了太极拳的阴阳之理、行功走架及推手懂劲中阴阳变化与平衡，辩证分析了练拳者各项生理要求和心理因素的和谐统一，以及各项招式中身体各部位的对立及协调关系。黄仁良先生一再倡导，太极拳锻炼中应该做到理论与实践相结合，理论贯穿实践中，由理论指导实践，打破太极拳锻炼中的某些神秘及玄虚之说，提倡科学练拳。太极拳修习水平的提高贵在心悟。

拳练万遍气自通，熟读经纶理自明。初学者可以按照《行功走架》→《推手进阶》→《修习心悟》的顺序阅读；待走架、推手达到一定的熟练程度，身心有了一定的感悟，便可以打破序列，按自身的体会去重点关注某一部书，或某一个招式的技防分析或哲理阐述，必定获益匪浅。

黄仁良先生鼓励“上海汇川拳友会”的拳友们积极参与杨式传统太极拳的理论研究和资料汇编工作。本套丛书在编撰过程中，得到了众位拳友的悉心帮助，黄仁良先生专门组织热心的拳友成立“黄仁良拳研社”，以便“杨式传统太极拳”丛书能够顺利出版。“拳研社”受黄仁良先生委托开设了“黄仁良太极汇”公众号。参与本套丛书出版工作的主要人员有：出版策划佟鸿力、张勇军、章引等；文字修编章引、邹迎春、陈素云、王亚坤、周蘋、严华、刘立伟、戴云飞等；摄影及编辑毛伟国、刘立伟、陶欧晓阳、董钧、万宝虎等。本书能顺利出版，离不开“上海汇川拳友会”众拳友的大力支持，在此表示衷心感谢！

如书中有不妥之处，敬请指正！在此，真心诚意地向各位读者表示感谢！

黄仁良拳研社

暨“杨式传统太极拳”丛书编辑小组

2018年8月

# 目录


1 众说纷纭的太极拳创始之说
6 杨式传统太极拳的发展脉络
11 杨式传统太极拳的文武之道
13 懂得太极拳理方能明理生智
17 太极拳理源于阴阳之道
22 太极拳融通于阴阳互变
22 太极拳动静分合的运动规律
23 太极拳中的阴阳属性
24 太极拳的阴阳转换
26 太极拳中阴阳的依存与平衡
29 太极拳八门五步与太极八卦五行
29 太极八卦五行
30 太极拳八门五步与太极八卦五行的对应关系
31 太极拳锻炼与五行生克乘侮的关系
33 太极拳的道法自然
36 太极拳的哲理之光是阴阳辩证论
37 你中有我,我中有你
37 难易之辨
40 动静之机
42 刚柔相济
45 神形兼备
48 快慢相间
51 曲伸相宜

52 开展与紧凑
55 有我与无我
59 有限与无限
61 真假与美丑
65 太极拳锻炼中的心理因素
65 环境条件需适宜
66 心理准备应充分
68 认真和理解是关键
71 意志与兴趣
74 意念是灵魂
77 无意胜有意
79 意象与知觉
82 灵感与顿悟
84 太极拳锻炼的关键要领
84 各阶段的进阶目标
86 根在脚下
89 立体式运动
91 虚灵顶劲与敛臀提裆
93 含胸拔背与气敛入骨
95 气沉丹田与气贯四梢
96 全身放松与节节贯串
100 分清虚实与无过不及
101 上下相随与内外相合

104 **心悟拾零**
104 拳理与拳法的区别
104 呼吸配合与气透三关
106 九曲珠与九节劲的区别
107 拆招练招中体现表里精粗
107 太极拳锻炼的“形似”与“神似”
108 欲知去往,先明来处
109 提倡流派,反对宗派
109 尊重传统与发扬光大
110 骨升肉降应作何解
110 太极拳与养生
111 太极拳锻炼可能是最佳的有氧运动
111 太极拳是一种大脑皮层体操
113 **重温师承**
113 武汇川答复黄文叔之书信
114 严师出高徒,苦练出真功
114 有所失,必有所得
115 海灯法师与张玉先师的情结
115 劫后余悸是先师的无奈
116 传承太极拳是一代人的责任

118 **后 记**

# 众说纷纭的太极拳创始之说

中国太极拳文化历史悠久、源远流长，自古以来在历代养生家和丹术家的不断创造和实践下，逐渐形成了这一独特的拳种。那么，谁是太极拳的创始者？关于这一问题，拳界尚有分歧。有说武当山的张三丰首先创造了太极拳；有说太极拳是陈家沟的陈王廷所创；也有说太极拳绝不是一人一时所能创造的，而是在人类社会发展过程中聚集了许多人的智慧而逐步形成的。关于太极拳首创者是谁，颇具争议，至今仍是众说纷纭。有些人是为了维护自己门派声誉而盲目附从，更是难以求得统一。关于太极拳发源地在何处，或说陈家沟，或说赵堡镇，也有说是武当山，同样没有定论。李亦畬说："太极拳不知始于何人，其精微巧妙，王宗岳《太极拳论》详且尽矣，后传至陈家沟陈姓，神而明者，代不数传。"因此，有些练拳者主张只谈拳法理念，切莫谈论创始人和发源地，避免陷入是非之中。然而，若要深入研究太极拳的发展历史，就必然会涉及创始和传承的过程，关于太极拳创始者和发源地的探究也是必要的，但应该抛开门户之见，心平气和客观切实地论证。关于众说纷纭的太极拳创始之说，现收集并列举主要的几种说法。

**说法一：张三丰是太极拳的创始者，这是古今太极拳界流传甚广的说法。**

杨式、吴式、武式、孙式、赵堡派等各路拳家，都尊张三丰为太极拳祖先，包括陈式太极拳的部分大师，如陈鑫、陈发科等在行师礼时必先叩拜武当张三丰祖先。除了从温县到永年的这一派系外，还有武当派的道总徐本善和白云观的道长安声远等，他们所传承的太极功法，都自认为在道教门内得张三丰的一脉相传。《王征南墓志铭》有说:"有所谓内家拳者,以静制动,犯者应手即扑,故有别于少林外家,盖起于宋之张三丰也。"据说张三丰幽栖武当山30年,潜心悟道,修炼丹功。某日,他正在读经时,偶见窗外一蛇一鹊正在相斗,引起了他的注意,他仔细观察了蛇鹊打斗的全过程,尤其注意蛇鹊攻防的细微动作,由此而悟出了"以静制动"和"以柔克刚"的道理,再结合前人所传之拳法,创编了太极拳。他先后创编了无极拳12式、太和拳8式、太极拳16式,合称36式拳法,由后人逐渐扩充为108式,也称三丰太极拳或武当太极拳。

关于张三丰的传说也各有不同。根据《辞海》介绍,张三丰为明代道士,名全一,又名君宝,号元元子,因其不修边幅,又号张邋遢。辽东懿洲(今辽宁彰武西南)人士。史称他龟形鹤背,大耳圆目,须髯如戟,不论寒暑只有一衲一蓑。曾在武当山幽栖,明太祖、成祖屡遣使求之,不遇,至英宗时封为"通微显化真人"。也有人说张三丰出生于南宋时代,是湖北通化县九宫山人氏,名道请字德一,号志云真人。据说他在少年时患疾,随异人修道,十三岁便云游各地。先前,他在宝鸡生活时,居处有三座山峰,便以此为号叫张三丰。后入终南山修炼时,遇火龙真人(名贾得升,为后唐陈抟之徒),传予练功大法及拳术。再后,张三丰又至武当山幽栖,潜心悟道,修炼九载,道即大成,丹功武术均臻上乘。然而,关于张三丰的出生年代,有说宋代,也有说明代,而宋元期间却没有"太极拳"这个拳种名称。那么,历史上究竟有几个张三丰,哪个是真,哪个是假,已经难以考证。

我随从顾留馨老师习研太极理论之前,也一直以为太极拳的祖师爷是张三丰,而顾留馨老师认为张三丰是道士,关于他的传说有些荒诞离奇并带有神秘和迷信色彩,所以不可相信。信仰唯物主义的顾留馨老师,根本不相信人世间有道士能够似神仙般的存在,因此,对"张三丰是太极拳的创始人"的说法持否定态度。世间没有神仙,张三丰也并非是神仙,他只是热衷于潜心悟道、修身养性,是一个丹功与武术的修炼者而已。

**说法二：陈王廷是太极拳创始人。**

在近代，持此说法的人中唐豪先生为第一人，顾留馨老师也赞同此说，因此顾留馨老师将此编入《太极拳研究》一书，并被载入《中国大百科全书——体育卷》。唐豪、顾留馨二人都是武术史家，对各门各派拳术均有所研究，并精通多种拳术，又专注于对各派武术历史的考证，在武术界具有一定的权威性。顾留馨老师认为陈王廷造拳是经唐豪先生去陈家沟实地考察的结果，应该是可信的。所以，“陈王廷是太极拳创始人”的这一说法，自然会获得不少拳友的认同。

陈王廷是陈氏祖先陈卜的第九世孙，出生在明末清初的战乱年代，曾当过温县的“乡勇守备”，由于改朝换代，社会动荡，盗贼四起，便卸甲归田，隐居乡里。陈王廷所著的《长短句》有云：“蒙恩赐，枉徒然，到而今，年老残喘，只落得黄庭一卷随身伴。闲来时造拳，忙来时耕田，趁余闲，教下些弟子儿孙，成龙成虎任方便。”唐豪先生查访后推测，陈王廷的“闲来时造拳”（有说闷来时造拳），说的是他对戚继光《拳经三十二势》图解研究后，汲取了《黄庭经》的呼吸法而创造了太极拳。读书研拳，并将拳术传授于子孙后代，这就是陈氏太极拳的雏形。陈氏拳法代代相传，在陈家沟，无论男女老幼都习拳尚武，其村谚有：“喝口陈沟水，也能翘翘腿。”陈家沟有“太极之乡”之称，这是支持陈王廷创拳之说论证之一。

然而，杨露禅三进陈家沟随从陈长兴学艺数十载，本应更有资格对陈王廷创拳之说予以确认。但是，在杨氏家传拳谱中，只有张三丰而无陈王廷的记载，因此人们对陈王廷造拳之说心存疑虑。更何况，宋远桥所传的宋氏太极、俞莲舟所传的俞氏太极、张松溪所传的南派太极、程灵洗所传的程氏太极，都与温县陈家无关，在陈王廷之前就已经存在。因此，太极拳界也有人认为唐豪先生关于太极拳创始人的考察和推测有误。

据传吴图南探访陈家沟时，曾亲聆陈氏十六世孙陈鑫说，陈家世传炮捶，属于少林功夫，已有几百年的历史，人称炮捶陈家，陈氏后代子孙都严尊祖训，只传陈姓，不传外姓。陈鑫还说，至陈氏十四世孙陈长兴时，由王宗岳的弟子蒋发将太极拳传到陈家沟，并介绍杜育万演练了由蒋发所传授的太极拳。陈长兴曾写过关于太极拳源流的序言，他说："兴从吾师学练太极拳术各层功夫，各般刀枪剑术及内功炼气诸法，皆乃武术之正宗，亦为修身养气之至宝也。余今代师传艺，兹将吾师之巅末笔之于书，使后学者知本门拳术之渊源。一览此序即知河南温县派自蒋氏始，庶乎可报吾师门教诲深思于万一也。嘉靖元年菊月，陈长兴谨序。"尽管吴图南恐有不实之言，但不可能全部是胡编乱造的。以上证据说明陈王廷并非太极拳创始人，但陈王廷对中华武术的传承与发展所做出的贡献还是不可低估的。

**说法三：太极拳并非一人一时创造的，是经过无数时代的锤炼，经过无数人不断充实提高、不断改编完善下，才造就了当今各种流派的太极拳。**

太极拳究竟由谁创造并不重要，太极文化的传承和发展肯定不是某个个人所能为的，也不可能在一段时期内就能形成的。客观地说，太极拳应是由广大民众为修德养性、健体强身、延年益寿，通过长期不断探求、不断创造而来。太极拳如欲追溯源头应从古代思想家老子说起，他是道家思想的创始人，主张"虚其心，实其腹，弱其志，强其骨""虚而不屈，动而愈出，多言数穷，不如守中""绵绵若存，用之不勤""载营魄抱一，能无离乎，专气致柔，能如婴儿乎"，老子的思想与太极拳理念完全相合。太极拳讲究阴阳互变、对立统一、此消彼长、虚实互为其根、八门五步对应八卦五行，这都出于《周易》太极阴阳八卦图的运动规律。太极拳的行气用功之法是根据《黄帝内经》与《黄庭经》的行气法改编而来。太极拳的拳架动作则参考了秦汉后期一些养生家和丹术家参照动物形象创出的练气养生的动作，如三国时华佗所创的五禽戏、南北朝时韩拱月所创的小九天拳，这是萌芽状态的太极拳。唐代许宣平创编了37式拳，李道子创编了先天拳，后陈抟所创编的拳糅合了37式拳和先天拳。数代之后才有张三丰、宋远桥、俞莲舟、程灵洗、张松溪、王宗岳、陈长兴、杨露禅、武禹襄等。由此推论，太极拳是历经各朝各代的武术拳家，不断锤炼充实完善而建立起来的武术拳术的一种体系。

随着时代的变迁和发展，太极拳也逐步分化为各种流派。陈长兴作为陈式太极拳的创始人，将陈氏的炮捶与太极拳融为一体，改编而成陈式太极拳一路、二路拳架。武禹襄汲取了杨式太极拳和赵堡拳的精华，结合太极拳传统理念，改编成武式太极拳。孙禄堂也将武式太极拳与自己的行意八卦拳融会贯通，改编为孙式太极拳。吴鉴泉又将杨班侯所传的杨氏小架，改编为吴式太极拳。陈清平师从陈有本习练陈式新架，在迁居赵堡镇后又吸纳了赵堡拳的精华，成为赵堡太极拳。夏国勋是杨露禅女婿，学得了其岳父与董海川合编的八卦太极拳，后成为夏式太极拳。李瑞东从王兰亭处学得杨露禅之拳后，吸收了江南派及陕西派拳术，创编成了李式太极拳。常远亭从全佑处学练杨氏小架，后其子常云阶在上海授拳，其弟子以尊师之敬，自称为常式太极拳。以上流派都是由温县一脉相承，各拳派之溯源都是温县陈家沟，陈家沟也无愧于“太极之乡”的称号。

杨式传统太极拳，由杨露禅创编，并经过杨氏几代后人努力传承和发扬光大，独树一帜，广泛传播。

# 杨式传统太极拳的发展脉络

太极拳行拳独到，内容完善，自成体系。首创者杨露禅及杨式二代、三代传人，为创编和完善杨式传统太极拳做出了巨大的贡献，并为杨式传统太极拳的发展和普及开创了良好的局面。在理论方面，除汲取古人的拳诀、拳经，更有杨氏家传的拳诀、拳谱，使杨式传统太极拳拥有一套更为完整的拳术体系。杨式传统太极拳的锻炼内容包括，由徒手的拳架套路到双人推手和对练，由器械的剑、刀、枪杆套路到双人对练的粘剑滑杆等，直至最高阶的太极散手散打。各路好手又结合自身特点，创编成各具特色的流派。

杨式传统太极拳是由永年杨露禅所创。杨露禅原有少林功底，后又三进陈家沟师从陈长兴学练太极拳，经数十年的勤学苦练，其技艺功夫大进，深得陈长兴的喜爱。杨露禅技成回归永年后，首先跟从其学拳的是武禹襄兄弟，后进清廷皇室教拳，被誉称“杨无敌”。为了适应各阶层的学者，他便在原有拳术基础上向动作松柔缓慢、舒适平稳的方向进行了改编。历经杨露禅及其子杨班侯、杨健侯，其孙杨少侯、杨澄甫，祖孙三代人的努力，不断实践和探求、不断充实与完善，改编形成一门太极拳流派，称为杨式太极拳。杨式太极拳的锻炼特点和理念充分体现了王宗岳的拳法理论，并将养生与技击融为一体，以技法为武之用，以养生为文之体，成为体用俱全、内外兼修的文武之道。杨式太极拳的动作特点是用意不用力、悠闲缓慢、松柔和顺、舒展大方、连绵不断，运劲如抽丝犹如行云流水，全身各处一动无有不动。杨式太极拳的锻炼内容也更为全面，分徒手和器械两大类，徒手大类中包括拳架套路、招式单练和对练、推手、散手等；器械大类中包括剑、刀、枪、杆，较为齐全。杨式太极拳的进阶应遵循由浅入深、由粗达细、由简到繁的系统性程序。

当前，杨式太极拳的传播十分广泛，因其松柔缓慢、舒展大方，无论男女老少都能适应，从而得到了广大人民群众的喜爱，是当前传播最广的太极拳流派之一。杨式太极拳已遍及全国，甚至走出了国门、走向了世界。由于传播广泛，数传之后，杨式太极拳的拳架动作呈现多种多样的拳式支流，有115式、108式、103式、97式、88式、85式、37式、24式等。因受众人群的锻炼层次和技击要求的不同，杨式太极拳分出两大类别，一类是直接由杨门历代传承人亲授并传承下来的杨式传统太极拳，属于武术类拳术，讲究一招一式的攻防技击，以及神、意、气、血在体内的变化和运行，适合于养生与武术相结合的内外双修锻炼。另一类是由国家体育部门倡导的普及型的杨式太极拳，即全民健身的杨式太极拳拳操，配有音乐，运动节奏缓慢，追求外形动作整齐优美，不讲究技击与神意气血的运行，适用于全民健身活动。不管是拳术还是拳操，其动作特征都属于杨式太极拳架范畴，并不存有真假之嫌，更不应该提出"打假"的妄议。当然，杨式传统太极拳是祖先传承下来的宝贵财富，包含着丰富的中华历史文化内涵，需要我们去挖掘、整理、研究、继承、发展和提高。

原杨氏太极拳拳架分为大架、中架、小架三种。现在的吴式和常式太极拳是由杨班侯所传的杨氏小架改编而来；中架为太极长拳，传承极少；目前所传承的无论是115式、108式、103式、97式、88式、85式、81式、24式等都由杨氏大架改编。其实，杨式传统太极拳架都是由37式基本独立动作组编而成，将左右和前后重复的动作分别计数统计，就成了上述的各不相同的数式拳架，只是数字上的区别，内容都基本相同。

杨式传统太极拳和其他武术运动一样，始终离不开健体强身和攻防技击这两大功能，两者合则兴，不合则衰，这是自然之理。杨式传统太极拳自杨露禅至杨班侯、杨健侯再至杨澄甫，杨氏祖孙三代功夫均很了得。在杨澄甫之后，闯荡上海滩的传人中，武汇川、田兆麟、陈微明、董英杰、诸桂亭被尊为"杨门五虎将"，武汇川和田兆麟更有"哼哈二将"之称。杨式第五代起，由于时代因素的影响，其传承人的功夫已无法与前人相提并论，几乎没有一位是专业拳术家，再往后，身具杨门真功夫的人就明显贫乏了，对前人的太极真功夫始终难见超越。

以下简单列举杨式传统太极拳的传承脉络，并着重介绍杨澄甫—武汇川—张玉这一支脉。

- 创始人：杨露禅。
- 第二代传人：杨凤侯、杨班侯、杨健侯；外姓传人有夏国勋、王兰亭等。
- 第三代传人：杨少侯、杨澄甫、杨兆元、杨兆林、杨兆鹏；外姓传人有李万成、白忠信、许禹生、全佑等。
- 第四代、第五代传人：杨振铭、杨振基、杨振铎、杨振国、杨志芳等；随着杨式太极拳在全国范围的广泛传播和深远影响，也涌现出大量外姓传人，仅活跃在上海的名家就有武汇川、张庆麟、田兆麟、牛春明、李雅轩、田作霖、陈微明、崔毅士、董英杰、王旭东、阎月川、郑曼青、诸桂亭、濮冰如、傅钟文、顾留馨、叶大密、乐焕之、张玉、吴云倬、武贵卿等。
- 第六代、第七代传人：在倡导中国文化传承的今天，太极拳的传播和发展又逐渐回归太极拳文化的本真，潜心致力于传统太极拳的修习，其传承人已遍及全国各地，不胜枚举，其传承人有李明钧、陈文成、褚玉成、田秉渊、张克强、王鸿义、黄仁良、沈行佐、沈行佑、傅清泉等。

杨澄甫是杨式传统太极拳的一代宗师，武汇川是杨澄甫的首徒，张玉又是武汇川的大弟子，自幼在杨家学艺。武汇川、张玉的功夫都得自杨门的真传，都是叩头拜师的入室弟子，一脉相承当属正宗。

杨式传统太极拳杰出的第四代传人之一武汇川，拳艺正宗、武功深厚，但因极少传流下理论书籍及图照，其后人又不喜对外传播宣传，致使普通太极拳爱好者都不太熟悉武汇川一脉的传承情况。我师从武汇川的大弟子张玉习拳数载，有必要为这一支脉的传承脉络做些重点介绍。

武汇川原名武振海（1889—1936），河北昌平人，自幼练就一身少林功夫，身强力壮，体魄伟岸。武汇川自23岁起改练太极拳，1912年直接拜在杨澄甫门下，为杨澄甫的早期入室弟子。并在学艺过程中长期充当杨澄甫的伴练相手，在被击打中体悟出太极拳内劲蓄发的微妙之处，因此，有人说“功夫是被打出来的”。1927年武汇川随杨澄甫来到上海创办拳社，榜名为“杨氏首徒汇川太极拳社”，拳社活动整整10年。武汇川曾任山东国术馆教务长，后被聘为复旦公学（现复旦大学）武术教练。当时武术界一致公认，杨式太极拳第四代传人中要推武汇川功夫第一。据说他曾为上海某名人祝寿表演时，竟一手将摆满酒席台桌的一条桌腿握住，轻轻提起转身一圈再放下，桌面上满杯的酒水毫不外溢。李雅轩对其他师兄弟少有赞许，唯独对武汇川的功夫极为推崇，他认为武汇川的功夫既精湛又全面，推手、散手、刀、剑、枪、杆无一不精。后因在上海教拳时，武汇川失手得罪了某资本家，该资本家几次雇人伺机报复未成，最后竟驾车故意撞击，致使武汇川不幸身受重伤而亡，时年47岁。师弟陈微明极为叹惜地说：“大师兄身如金刚之体，当继承杨公衣钵，不料中年夭折，真是武术界中不可弥补的损失！”

武汇川不仅自己勤学苦练，教学也严格认真，门人弟子虽有数千人，真正得其真传的入室弟子主要有张玉、吴云倬、武云卿、武贵卿、顾留馨、吴剑岚等。

张玉是上海太极拳推手名家，继杨式四代传人之后，张玉堪称一代大师。张玉自幼在杨家学拳，1927年随杨澄甫太师父到上海，帮助筹创汇川拳社。张玉的功夫得到李雅轩前辈的赞扬，曾在杭州国术馆与全国推手某冠军较量时，一发劲就将其腾空飞弹出一二丈之外。张玉的推手功夫独步上海滩，为杨式太极拳的一面旗帜。20世纪50年代，他曾在武术协会担任太极推手培训班的总教练兼武术组长、太极推手比赛的裁判长，在上海复兴公园传授拳、剑、刀、枪、杆、推手、散手等系统性杨式传统太极拳术。张玉的门人弟子及再传弟子先后达数千人，其中深得师传、功夫全面的弟子也不在少数。

吴云倬曾创办过“用中太极拳社”，在上海中山公园授拳，门人弟子及再传弟子也不少于千人，其弟子饶少平的太极拳和推手功夫也极其高深，饶少平现今仍在中山公园授拳，从者无数。

武贵卿是武汇川的侄子，曾在上海襄阳公园授拳，拳、剑、刀、推手功夫全面，弟子数众。

武云卿也是武汇川的侄子，功夫极好，曾出版过《杨式太极剑》单行本一书，后因故退离武林，对他情况知之甚少。

顾留馨在中华人民共和国成立前曾是上海中共地下党一员，曾任上海市黄浦区第一任区长，后又担任上海市武术协会主席，也是一位武术大家，对太极拳理论研究和文化传播做出了很大贡献，他曾在中南海为中央领导授拳，还曾为前越南领导人胡志明授拳。

武汇川是杨式传统太极拳的重要传承人，由他传承的这一支脉中，太极拳学者和拳术传人也不在少数，他们深得师训教导，不追名逐利，潜心研练。目前，武汇川的这一支脉在杨式太极拳传播史上似乎逐渐被人淡忘了，使杨式传统太极拳传承史上缺少了重要的一章，多了一份遗憾。

# 杨式传统太极拳的文武之道

古往今来总是将文与武两字联系在一起，有文必有武，有武必有文，“国家必有文武，官治必有赏罚”是为文治武功，文武并用乃长久之术。文武之道，就是文与武的结合，这不仅是文化与武术的结合，也是文人武将的有机结合。中华武术与中华文化从来就是密不可分的，在不同的时代融汇了不同的文化内涵。

太极拳是中国武术中的一种独特拳种，它吸取了各派武术中的精华，又秉承古代道家的吐纳和导引之术，是将武术与养生熔为一炉的内修外练之法。太极拳的锻炼方式和技击特点都与其他拳种有所不同，其他拳术讲究力量与速度，太极拳却是以静制动、以柔克刚，讲究引进落空和四两拨千斤的技击功夫。太极拳被称为文化拳、养生拳、礼让拳、哲学拳，它汇聚了道、儒、释三家的思想学说，讲究内修外练有机结合，又将养生学、中医学、人体力学、哲学、武学、社会学及自然科学融为一体。练习太极拳的过程也是在学习中华文化，太极文化涵盖了中华文化的方方面面，在太极拳运动中得以充分地体现。

杨式传统太极拳同样讲究文武之道。创始人杨露禅所传拳谱《太极文武解》云：“文者，体也；武者，用也。文功在武，用于精气神也，为之体育；武功得文，体于心身也，为之武事。夫文武尤有火候之谓，在放卷得其时中，体育之本也。文武使于对待之际，在蓄发当其可者，武事之根也。故云：武事文为，柔软体操也，精气神之筋劲；武事武用，刚硬武事也，心身之骨力也。文无武之预备，为之有体无用；武无文之伴侣，为之有用无体。如独木难支，孤掌不响。不惟体育、武事之功，事事诸如此理也。文者，内理也；武者，外数也。有外数，无文理，是为血气之勇，失于本来面目，欺敌必败尔；有文理，无外数，徒思安静之学，未知用的采战，差微则亡耳。自用于人，文武二字之解，岂可不明哉！”文武之道也是阴阳之理，只有武而没有文，为有用无体乃独木难支；只有文而没有武，为有体无用乃孤掌难鸣。文无武相伴，为有阴而无阳；武无文相伴，为有阳而无阴。阴中寓阳，阳中寓阴，方为阴阳相济。杨式传统太极拳讲究武术文练，其动作舒展缓慢犹如行云流水，运劲如抽丝连绵不断，用意不用力，无过无不及，气势鼓荡，精神内敛。杨式传统太极拳的一举一动都讲究阴阳虚实的互变，在变化中又追求人体各部位的安舒和平衡，就如将自己全身心融入于大自然之中。

练拳必须是文武兼修，武中得文又文中得武，单纯为武或单纯为文，只能说是下乘功夫。杨氏家传拳谱中有《太极分文武三成解》云：“盖言道者，非自修身，无由得也。然又分为三乘之修法。乘者，成也。上乘，即大成也；下乘，即小成也；中乘，即诚者之成也。法分三修，成功一也。文修于内，武修于外。体育，内也；武事，外也。其修法，内外表里成功，集大成，即上乘也；由体育之文，而得武事之武，或由武事之武，而得体育之文，即中乘也；然独知体育，不入武事而成者，或专武事，不为体育而成者，即下乘也。”由此，依照文武之道，杨式传统太极拳的进阶便分为上、中、下三乘功夫之说。在杨式传统太极拳修炼中，需要“文修于内，武修于外”，内外双修谓之上乘；由文而得武者，或由武而得文者，虽有通融但偏于一方，只能谓之中乘；仅仅为文而文或习武而武，那就过于狭隘无法大成，只能谓之下乘了。

杨式传统太极拳的锻炼应该以技艺、养身兼顾，理论与实践结合，武术与文化相融，内外双修，真正遵从杨式传统太极拳锻炼的文武之道。

# 懂得太极拳理方能明理生智

在物质文明高度发展的今天，人们都认识到健康才是人类最大的财富。生命在于运动，太极拳锻炼是较为理想的健身运动，其健体强身和祛病延年的效果已得到人们的普遍认同。太极拳已引起了国人的浓厚兴趣，参加太极拳锻炼的人群遍及全国，甚至还走出国门、面向世界，更喜人的是吸引了一大批年轻有文化的白领阶层，公园绿地、社区广场，到处都有练习太极拳的人群，人数之众在所有运动项目中首屈一指。央视网站曾经发布“美国研究证实太极拳的健身功效”新闻，报道说，美国北卡罗来纳大学医学院的研究成果证实，练太极拳不仅能缓解关节疼痛，减轻疲劳，强健筋骨，提高人体伸展和平衡能力等，还能改善心态，减轻精神压力。太极拳健体强身的功效，早已在实践中得到了证实，以往国内出版的有关太极拳的理论书籍中，也有较为具体的论述。

时至今日，社会上名称各异的太极拳养生馆、拳馆、武馆、拳社、培训班等纷纷兴起，太极拳运动的发展和普及正蓬勃发展。各门各派竞相争艳，各抒己见，尽情发挥，太极拳运动在百花齐放、百家争鸣中再现辉煌。不同拳法纷纷涌现，太极拳的理论书籍和视频也大量出版，有些秘而不传的珍藏拳谱得以公开亮相。虽然其中难免夹杂些谬误，但是，这终究是太极拳文化推广和传播的大好事。

太极拳的传统流派包括陈、杨、吴、武、孙、赵堡、武当等，当今又有一些自创自编的拳派和拳式出现，形成了一些新的流派与拳式，例如，混元太极、忽雷太极、通臂太极、形意太极、经络太极、金刚太极、雷公太极和功夫太极，等等。拳派拳式鱼龙混杂，有些只是挂了个名目而非合乎真正意义的太极拳，有些只是另取别名而已，难免五花八门杂乱无章。中华武术的各门各派都具有一定的特色与风格，完全没有必要为赶时髦而牵强附会。面对太极拳普及发展的道路上出现的乱象，应该加强各武术门派的有序管理，加强理论研究和指导，相信定能去伪存真，共同走向正道。

目前，太极拳的派别繁多名称各异，门派之争也沸沸扬扬，贬低别人抬高自己，将本门派奉为正宗而大肆宣扬，将其他拳派视为旁门左道，不堪入流。所谓太极拳的"大师"教练多如牛毛，真正明白理法具有真才实学的明师太少；自我吹嘘徒有虚名的为数不少，向钱看的更多；为传播太极文化而无私奉献的拳师太少，德艺双馨者更是寥寥无几。变拳师为商人，把太极文化作为广告宣传，将太极文化转为商业产品，太极拳的完整套路也变为零敲碎打的商品被分割销售，购买者云里雾里还弄不清是正品还是次品，这样的所谓"大师"未必就是明师。太极拳迅猛发展的形势下，出现一些乱象是难免的，良莠不齐也是必然。目前，最需要的是如何对太极拳技艺传授层面正本清源，对太极拳理论传播进行拨乱反正，实施对太极拳传播的正确发展方针，尤其在理论研究上更应该去伪存真，避免误人子弟，力求完善和正确地引导，使太极拳走上健康的发展道路。

前人留下的太极拳理论著作并不多，况且都是语言概括，文字精练、含义深奥，偏于结论性的法则和要领，即使是训练有素的太极拳师也往往会有所曲解，对初学者来说更加不易掌握。从前的练拳者大多是重于实践轻于理论，既无视频又无完整的图书可供学者揣摩参考，只能"入门引路须口授"，不经"口授"与"身教"就难得其精要。"口授"与"身教"固然重要，但书籍与视频也不可少。太极拳具有广泛的理论研究和实际运用价值，它既属于武术范畴，又包容着技巧与艺术相结合的传统文化，还将运动心理学、武学、哲学、美学、生理学等融为一体，学无止境，练而不尽。理论和实践必须相互贯串，理论能指导实践，实践必须结合理论，从理论到实践，又从实践到理论。这样锻炼才能不断提高养生和技艺水平，并能参悟人生，修身养德，系统地正确理解太极拳的科学真谛。物质的发展带来了文化的开放，有关太极拳的各类书籍纷纷出笼，通过网络传播的太极拳视频与文章更是不胜枚举，对传播太极拳文化有着积极意义。

练好太极拳，弘扬太极拳，第一，必须勤学苦练，才能进阶补拙；第二，必须多思多悟，才能明理生智。体练与心悟两者缺一不可，只悟不练是舍本求末、纸上谈兵；只练不悟为瞎子摸鱼，功夫难入正道。多悟才能明理，多练才能懂劲，懂劲才能阶及神明。太极拳拳理拳法以及锻炼中的各项要领和要求，包括所有动作的组成，都与哲理、品德、健体、养生有关。

《太极拳谱》云："太极者，无极而生，动静之机，阴阳之母也。"太极阴阳之说不是迷信，阴阳之理是太极之理。目前，练太极拳的人很多，但是，研究太极拳阴阳道理的人不多。正如杨班侯的《九诀》所说："太极阴阳少人修，吞吐开合问刚柔。正隅收放任君走，动静变化何须愁。"这里所说的吞吐、开合、刚柔、正隅、收放、动静都属于阴阳理论范畴，动则生阳静生阴，一动一静互为其根。要练好太极拳，必须先懂得阴阳之理，所有动作都源于阴阳互变，在互变中求得平衡。明白了阴阳道理，练拳就能更上一层楼，正所谓：理经三昧方始亮，灵境一片是玻璃。

太极文化将道家、儒家、释家学说集于一体，又融入了武学、养生学、医学、哲学、美学、心理学、人体力学等。太极拳锻炼不仅可以防身御侮、强身健体、延年益寿，还能提高为人处世的修为，太极拳具有丰富的文化内涵和技艺精华，它是中华民族智慧的结晶。

中华武术丰富多彩，各门各派都有不同的鲜明风格，就像文学创作中的诗歌、散文、小说、剧作、论文、日记等各具特色。诗歌是人类精神领域中的最高境界，诗人必须具有丰富的想象力和感知能力，还必须对周围事物有浓重的感情色彩，情感才是诗歌创作的源泉。太极拳就类似于武术中的诗歌，是一项富有创造性的活动，在搏击技艺领域中具有较高的境界。太极拳锻炼也同样需要想象力和感知能力，由此而生的意念就是集中体现。意念也是太极拳锻炼的灵魂所在，练拳必须用意念引导动作。太极拳锻炼时也如诗人创作般要对自然界怀有丰富的感情色彩，拥抱大自然，达到将天、地、人融合为一体，即所谓天人合一，由此，将自身融入自然紧密相连。

中华武术在不同的历史时期有着不同的表述方式，武术的发展和变化也是随着历史的发展而变迁。就其名称而言，古代称作“技击”“竞技”“武艺”“武功”，清代称为“武术”，到民国年间又称作“国术”，现今又演变为强身健体类的体育项目之一。太极拳属于武术范畴，但太极拳的锻炼形式与其他拳术有所不同。其他拳术练的是力量和速度，而太极拳讲究松柔圆活、用意不用力，太极拳走架缓慢安舒，动作连绵不断如行云流水，采用的是武术文练的方式。在攻防技击方面讲究慢练快打、后发先至、以柔克刚、以静制动、以弱胜强、以小力打大力、引进落空、借力打力等四两拨千斤的技巧。在修为上讲究外练内修、神形合一，以调养生息，提炼精气神，由内而外，上下相随，形神兼备。据说，太极拳的先驱者张三丰告诫大家：“愿天下豪杰延年益寿不老春，非徒为技艺之末也。”太极拳虽然属于武术，但更注重于自身的修为，我认为可以为太极拳作这样的定义：

太极拳是中华传统武术项目之一，以攻防技击招式为其主要内容，以搏击竞技套路为其练体练气练心的运动形式，以强身健体、修心为其习练的主要目的，内外兼修与神形合一。太极拳是武术文练、体用结合的整体性运动，以吐纳及导引之术涵养生息，自然形成修身养性的动态气功。太极拳是中华民族长期积累起来的一份宝贵的文化财富。

# 太极拳理源于阴阳之道

“太极”一词最早见于《庄子》，太极是我国古代哲学思想体系中的一个重要概念，以道家学说为主导，又通及儒、释两家学说。中国传统文化认为，太极是派生万物的本源。南宋朱熹认为“总天地万物之理，便是太极”。“太”字的解说是极大、至高的意思，“太极”的含义是其大无外、其小无内。《辞海》说：“元始之时，太极动而生电子，电子凝而成元素，元素合而成物质，物质聚而成地球，此世界进化之第一时期也。”

太极的阴阳八卦图形来源于古代的河图与洛书（图1）。传说在上古时代，黄河之中曾出现过一匹龙马，其背上显现有一种奇怪的图形，这种有图形的龙马出现在黄河之中，便称作河图。位于河南洛河之水称为洛水，在洛水中曾出现过一只偌大的灵龟，其背上似有一种文字，就称作洛书。古代伏羲氏根据河图和洛书，最先画出了阴阳八卦图，称为先天八卦（图2）。到商末和周初时期，周文王将先天八卦的爻位作了些改变，并演变出八八六十四卦称卦辞或文辞，不断演变的阴阳八卦图逐渐成形，被称为后天八卦（图3）。阴阳八卦图，就成为以后太极拳

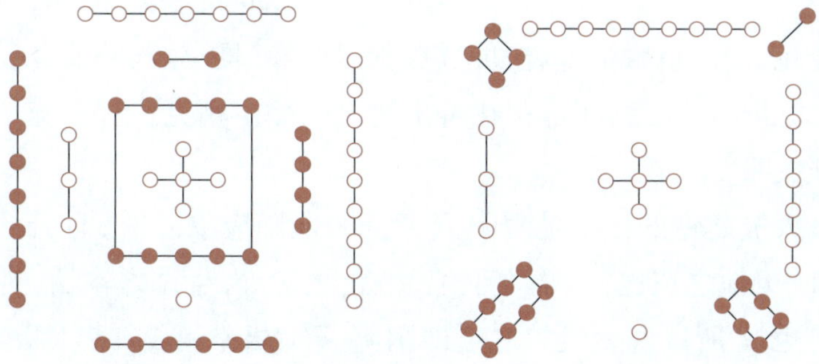

图1　河图洛书图形

注：《周易本义》以九为河图，以十为洛书，实出于陈抟。

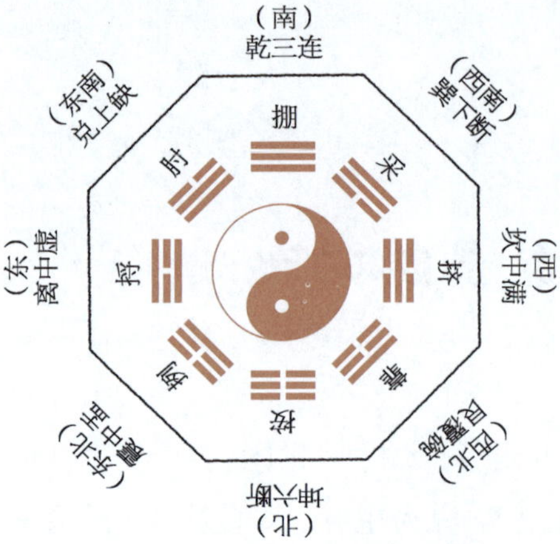


图2　伏羲氏的先天八卦对应图

注：先天八卦是以乾、坤、坎、离为四正方，巽、震、兑、艮为四斜角。

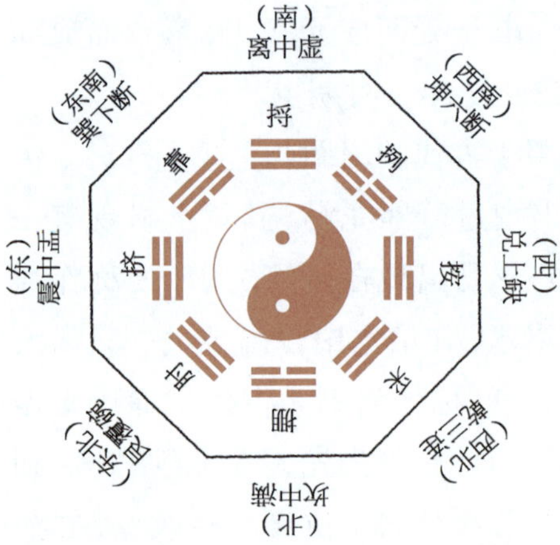


图3　周文王的后天八卦对应图

注：后天八卦是以坎、离、震、兑为四正方，乾、坤、艮、巽为四斜角。

锻炼的理论依据。

太极学说出自后天八卦的阴阳图，它由老子的“有无相生，难易相成，长短相形，上下相倾，音声相和，前后相随”“虚其心，实其腹，弱其志，强其骨”“专气致柔、柔弱胜刚强、致虚极，守静笃”“天下之至柔，驰骋天下之至坚”等哲理形成，涵盖了中华文化的方方面面。太极之理又与孔孟的“太和至中”和“中庸之道”的学说思想相一致。太极阴阳属于道，大道一统之道，替天行道之道，也是道德修养之道。老子说：“人法地，地法天，天法道，道法自然。”至于太极拳，遵循“道法自然”即要求锻炼时人体活动应符合自然规律，结合运动中阴阳、刚柔、动静、虚实、曲伸、开合等变化，同时也融汇了乾、坤、震、巽、坎、离、艮、兑八卦及金、木、水、火、土五行，其间都存在着事物之间相生相克和对立统一的辩证关系。

太极之道的核心是阴阳，《素问·阴阳应象大论》有云：“阴阳者，天地之道也，万物之纲纪，变化之父母，生杀之本始，神明之府也。”所以说太极拳之道即阴阳，《太极拳谱》曰：“太极者，无极而生，动静之机，阴阳之母也。”太极拳文化包含了我国古代的《易经》《道德经》《黄帝内经》《黄庭经》及《孙子兵法》等文化内涵。练拳犹如修道，无论是行道或施法都必须回归于自然，自然是天地之本，也是太极之本。

唐末宋初年代的著名养生家陈抟，曾在华山的石壁上刻下了无极图。无极是混元一气未区分的状态，为天地之本源；太极分阴阳二气是有区分的状态，为万物生长的母体，两者均属于道（图4、图5）。道是宇宙一切事物所依归及开启奥秘之门的钥匙，万物的生长与运动都离不开生命之源的道，所谓："无极生太极，太极生两仪，两仪生四象，四象生八卦。"宋代周敦颐的《太极图说》，就是解释天地万物中的阴阳五行与人体活动的关系。人禀受阴气成为形体，禀受阳气产生精神。太极拳运动需符合宇宙间一切事物发展的自然规律。

图4　无极为混元一气

图5　太极分阴阳二气

一切事物都在运动而不是静止的，有运动才能有发展，事物的不断运动必然会产生正反两方面的不断变化，这种变化就是阴阳互变。阴阳学说属于我国古代朴素的辩证唯物哲学思想范畴，也是中国人独特的思维方式，从而也衍生了太极拳理的根本。太极拳就是根据阴阳的原理，将各种招式中的动作及技防作用都归于阴阳的互动互变，因此，称太极为阴阳之母，也就是太极拳的阴阳之道。

阴阳是什么？阴阳不是天地却是天地，天在上为阳，地在下为阴；阴阳不是日月却是日月，日光普照为阳，月暗夜凉为阴；阴阳不是人类却是人类，男人俱有阳刚，女人天生阴柔；阴阳不是水火却是水火，火焰上升为阳，流水向低为阴。山南称阳，山北称阴；为人正大为阳谋，诡计多端为阴谋；魄为阳魂为阴，活着魂魄俱齐在阳世，死后魂飞魄散入阴府。其实一切事物都分阴阳，阴阳是一切事物对立统一的两个方面，既可合而为一，又可一分为二，你中有我和我中有你，两者相依相存。古代《周易》中就有了太极阴阳八卦鱼形图，根据卦象卜算可预测未来吉凶，判看风水好坏。有人认为算命、拆字、看风水就是在论阴阳，将阴阳和五行学说列入唯心论，由此认为阴阳之说就是迷信。也有人说阴阳之论是科学的，他们认为阴阳是宇宙间一切事物的运动规律，是中华古代文化的辩证观点。黑格尔是德国著名的哲学家，他所创造的正反合辩证逻辑定律也从《易经》太极阴阳变化原理得到了启发，在他的自传中曾感叹说，一生中最大的遗憾是没有学透中国的《易经》。现代科学以量子力学替代了牛顿定律，其中的测不准定律与《易经》《道德经》的阴阳变化原理相通。我国科学家杨振宁、李政道等也爱钻研《易经》的太极阴阳八卦互变原理，一切事物都存在着盛衰和消长的变化，因此针对宇宙守恒定律提出了形态的奇偶二性，虽是不灭但不是不变。《易经》被称为“总经之首”，上论天文，下谈地理，中说人事，太极阴阳八卦之理已渗透到社会生活、工作、学习、政治、军事、经济及工程建设等各个领域。





任何事物都包含阴阳两个方面，如太极拳方位的左与右、上与下、前与后等，又如太极拳行功中的开与合、收与展、呼与吸等，都体现了阴阳两面。每每两者之间既相互抗争又相互依存，既相互转化又相互平衡。阴阳的相互变化与平衡过程，体现了辩证的对立和统一，太极拳的运动过程正是符合了这一根本规律，左右转换、虚实转变等。事物总是在运动中不断变化，不断打破平衡，通过调整又再趋于平衡，这就是阴阳平衡的和谐之道。理解了太极文化的阴阳之道，就能在中国传统文化的各个领域体会到阴阳的辩证关系。例如，中医诊病讲究八纲辨证之法，以调整人体的阴阳平衡作为治病的最终目标；同样，太极拳锻炼没有什么玄虚神秘之处，道法自然。依天地为大太极，日月星辰都按照既定的轨迹自然地运转；人体是运动着的小太极，人体的上下内外及五脏六腑，都以阴阳互变互补和五行相生相克而不断调整趋于平衡，从而维持人体各方面的中正和谐、健康长寿。

一切事物的运动都蕴含着阴阳之道，太极拳也莫不如此。太极者，大至宇宙星球到天地万物，小至人体结构到细胞组织，阴阳变化，消散聚合，周而复始，生生不灭。王宗岳的《太极拳谱》云："太极者，无极而生，动静之机，阴阳之母也。动之则分，静之则合。"太极为阴阳之母，阴阳为太极之道。太极拳的哲理源自太极理论，习练太极拳就必须先明白太极阴阳的道理，练拳时才能去体悟和掌握运动中的阴阳互变，在变化中求得平衡，在平衡中求和谐。无论在走架行功或推手训练时，太极拳锻炼中的阴阳互融互通互变是一切行为准则，必须在阴阳互变中求身体内外的平衡和谐，这才是科学练拳的辩证关系。

# 太极拳融通于阴阳互变

## 太极拳动静分合的运动规律

杨班侯《太极九个要诀·阴阳诀》说："太极阴阳少人修，吞吐开合问刚柔""正隅收放任君走，动静变化何须愁"。这里说的吞吐、开合、刚柔、正隅、收放、动静都属于阴阳正反对立统一互变互依的两个方面。"动则生阳静生阴，一动一静互为根"，动之则分，静之则合。要练好太极拳，先明阴阳之理，一招一式都融通于阴阳互变之理。太极拳锻炼讲阴阳，与中医学理论同样强调的是人体应保持阴阳平衡。太极既为阴阳之母，太极拳锻炼就必须讲究阴阳，练拳时要存真心，以修炼为本，在阴阳虚实不断变化中求得全身的和谐，在变化中求平衡，在平衡中得和谐，从而达到强身健体和延年益寿的目的。

阴阳和五行学说，是我国古代朴素的唯物主义和辩证论，太极拳也正是以这种宇宙运动的自然规律和法则来指导其运动规律，并要求人体各部位功能按照矛盾对立和统一的不断变化、不断平衡的方法来进行锻炼。无极生太极，太极分阴阳，太极归无极。无极主静，是阴阳的统一，呈现的是混元一气；太极主动，是阴阳的分立，呈现的是阴阳二气。《太极拳谱》曰："动之则分，静之则合。"一动一静就是人体内外的阴阳互变，太极拳是动中求静、动静结合的运动。"动之则分"是太极，"静之则合"为无极。动者为开，阴阳一分为二形成对立；静者为合，阴阳合二为一，达成统一。开是由里达表称为阳，合是由表及里称为阴。一动一静，一开一合，分而合，合而分，没有永远的静与合，也没有永远的动与分。有动有静，有分有合，便形成了太极拳阴阳互变的运动规律。

太极拳锻炼中的虚与实、柔与刚、开与合、动与静、曲与伸、收与放、蓄与发、呼与吸、吞与吐、提与沉、松与敛、表与里、内与外、上与下，等等，都属于阴阳对立统一的范畴。阴与阳也就是矛与盾，矛是用于进攻的称为阳，盾是用于防守的称为阴，阴阳就如矛与盾既能分开又能合一，相互对立又相互依存，阴阳合成而具备整体性和统一性。在太极拳锻炼中应时刻注意动作的阴阳变化，便能关注全身的虚实转化。孤阴不生，孤阳不长，必须是阴中有阳，阳中有阴，阴不离阳，阳不离阴，阴阳相济才能达到平衡与和谐。在人体上下、内外、前后、左右的整体运动中，各部位的阴阳变化是太极拳至关重要的因素。太极拳锻炼时，就是使人体各部位在阴阳虚实变化之中寻求整体的平衡，不仅是要掌握自身的阴阳平衡，还应适应自然界的变化而力求人体与自然界的平衡。太极拳锻炼就要获取人体自身的和谐，以及人体与自然界的和谐，这才是锻炼的最终目标，保持各方面的和谐才是健康长寿的保证。

## 太极拳中的阴阳属性

事物在阴阳相互作用相互推动下，才能获得衍生与发展。无极为静止时的混沌状态，称为混元一气。然而，世上没有永远静止的东西，动之则分，事物一旦运动，即分为阴阳二气则为太极，太极由无极而生。随之，阴阳二气同时存在于一体，阴中有阳，阳中有阴，阴不离阳，阳不离阴。阴与阳两者既相互分开，又长期依存，在一定条件下也能相互转化，便造就了事物的不断变化，不断发展，不断前进。一切事物都是在运动中得以发展，阴阳的相互变化和相互作用，也是宇宙万物在运动中的自然规律。

任何事物都存在阴阳两方面的属性，例如，向太阳的一面为阳，背太阳的一面为阴；白天称为阳，黑夜称为阴；夏季酷热为阳，冬季严寒为阴；春季温暖由阴转阳，秋季凉爽由阳转阴；天在上称为阳，地在下称为阴；升为阳，降为阴；物质处于躁动状态为阳，处于沉静状态为阴；火炽热而有向上之势称为阳，水清冽而有向下之势称为阴。就人的阴阳属性而论，男性属阳，女性属阴；人体的头部在上为阳，裆部在下为阴；后背部为阳，胸腹为阴；手臂的手背一侧在外为阳，手心一侧在内为阴；手的拇指一侧向上为阳，小指一侧向下为阴；腿脚的前部和外侧为阳，后部和内侧为阴。显现在外表的为阳，隐藏在内部的为阴，因此，人体外表的躯壳称为阳，内脏称为阴；阳主表，阴主里，因此，心、肝、脾、肺、肾五脏为阴，胆、胃、大肠、小肠、三焦、膀胱六腑为阳。以人体经络的阴阳分布而言，所有阴经都分布在人体的阴面，所有阳经都分布在人体的阳面，等等。阴阳互变的相互作用是自然界一切事物变化和发展的根源，搞明白以上的阴阳属性，才能掌握太极拳锻炼的阴阳互变。

太极拳的阴阳表现除了动与静、开与合以外，还有虚与实、曲与伸、呼与吸、吞与吐、刚与柔、蓄与发、收与放、起与落、内与外、进与退、上与下、化与打、左与右等。根据阴阳划分的基本原则，凡是上升的属阳，下降的属阴；向外的属阳，向内的属阴。属于阳的有动、开、实、伸、呼、吐、刚、发、放、起、外、进、上、打，属于阴的有静、合、虚、曲、吸、吞、柔、蓄、收、落、内、退、下、化。在走架过程中应以腰的转向主导而论，领先者为阳，随后者为阴。关于左右之分，通常称为男左女右，男性以左为阳右为阴，女性以右为阳左为阴；如在寒冷季节练拳，人体热量的传递是由内向外至全身，一般来说男性拳友会先从左手热起，然后传递至右手乃至全身，女性拳友会先从右手热起，然后再传递至左手乃至全身。当然也并非是绝对的，根据每个人阴阳盛衰的变化周期不同，也会有各种不同情况的存在。太极拳要按照阴阳互动的原理进行锻炼，要分清阴阳虚实，要做到全身的阴阳虚实的平衡与和谐，要始终保持阴中有阳，阳中有阴，阴阳相济。

## 太极拳的阴阳转换

阴阳的变化形式为对立与统一、消长与转化，也就是事物中阴阳两方面力量的相互制约，例如在夏季本以酷热的阳盛为主，但在夏至以后阴气却随之而生，虽是微微而来，却是为了制约酷热的盛阳；冬季本以严寒的盛阴为主，但在冬至以后阳气也随之而生，虽是缓缓而来，却是为了制约严寒之亢阴。太极拳所讲的动静之机，动为阳，静为阴，动极者镇之以静，长静者施之以动，一动一静，互为其根。这也说明了动与静，阴与阳两者之间相互制约的关系，既对立又统一。从中医断病来说，阴胜者则为阳病，阳胜者则为阴病，阳病者治以消阴扶阳，阴病者治以消阳补阴。任何事物相互对立着的一方面，总是对另一面起着制约作用，阴阳相互制约的过程，最终趋于平衡与和谐。

太极阴阳图中一半为阴，另一半为阳，阴阳对等，既相互统一又相互对立，因此，阴阳也不可能是永远地和平相处，在争斗中求和谐，在和谐中有争斗，这就是阴阳对立和统一的道理。太极拳是人体内外、上下、前后、左右整体性的运动，周身各部位都有阴阳之分，节节有阴阳，处处分虚实，拳势一动就随处都存在阴阳对立的情况，又随时要求达到全身的阴阳平衡状态。太极拳不是手脚舞动的局部运动，而是周身内外各部位的整体运动，人体周身合成为一个太极，处处分阴阳，处处有虚实，处处须贯串，处处求和谐，达到全身的和谐统一，也就是阴阳平衡。

阴和阳两者之间除了相互之间斗争和制约外，还会有相互之间的消与长，即此消彼长和彼消此长，两者处在不断变化之中。有消有长也是物质运动自然现象，“阴消阳长”或“阳消阴长”，阴阳双方永远不会处于静止状态之中。太极拳运动是连绵不断的，全身各部位阴阳虚实都在不断地变化之中。太极拳锻炼以分清阴阳虚实转变为第一要义，全身处处有虚实，由虚变实，由实变虚，这就是阴消阳长和阳消阴长的不断转化。例如：大家都知道两脚虚实的转化，实脚为阳，虚脚为阴；由实转变为虚的过程，是阳消阴长；由虚转变为实的过程，是阴消阳长。两脚在虚实转化的过程中，还必须注意人体自头顶百会穴到裆下会阴穴，有一根垂直中心线也应随着两脚虚实的变化而位移，中心线的落点又必须与两脚的虚实取得平衡。犹如前人肩上用扁担挑物，前后物件的重量相等则肩应挑在扁担的中央段，如前重后轻则肩应挑在扁担的偏前段，如前轻后重则肩须挑于扁担的偏后段，这就是取得平衡的杠杆原理。

阴阳不仅是有分有合和有消有长，而且还能相互转换，阴能转化为阳，阳能转化为阴。阴和阳两者之间，当任何一方超越了极限程度，会朝着相反方面转化，阴可以转化为阳，阳也可以转化为阴。物极必反，“寒极生热，热极生寒”“重阳必阴，重阴必阳”。例如：水是液体，经过冷冻后会变成固体的冰，从液体到固体这是质的变化；反之，如将水加热到沸点时，又会转化成上升的水蒸气，从液体到气体也是一种质的改变。在太极拳锻炼中阴阳也有不断地转换，虚实、刚柔、曲伸、开合、提放、呼吸、表里，由虚变实和由实变虚、由柔变刚和由刚变柔、由曲变伸和由伸变曲，由合变开和由开变合、由提变放和由放变提、由吸变呼和由呼变吸，由表及里和由里达表，这都阴阳的相互消长中达到相互转换的过程。

## 太极拳中阴阳的依存与平衡

阴与阳，任何一方不可能脱离了另一方而单独存在，太极拳锻炼中无论是人体本身，还是任何动作，其内外、上下、前后、左右都是一对矛盾，有上必有下，有下必有上，有前必有后，有后必有前，有左必有右，有右必有左。两两对应，相互依存。

太极拳锻炼中的虚实、动静、刚柔、曲伸、开合、蓄发等关系也如此，都是一组阴阳的两个方面。虚是阴，实是阳，没有虚也就不存在实，没有实也无所谓虚；刚为阳，柔为阴，没有阳刚就没有阴柔，没有阴柔便无阳刚；动为阳，静为阴，没有动就无所谓静，没有静也就无所谓动；曲属阴，伸属阳，没有曲也就没有伸，没有伸也就没有曲；开是阳，合是阴，没有开也就没有合，没有合就无所谓开；蓄为阴，发为阳，没有蓄不可能有发，没有发就不存在蓄。太极拳的放松与收敛同样如此，放松是开为阳，收敛是合为阴，在放松中存在着收敛，在收敛时也存在有放松。这种依存关系就是阴阳相互为根，所谓“阴在内，阳之守也；阳在外，阴之使也”。阴阳之论中，阴指物质，阳指功能，物质存在于人体内部，故称阴在内；功能表现于人体外部，所以称阳在外。太极拳锻炼时的外形四肢动作为阳，其内形的神意运动为阴，外形动作受内形运动的支配，内形运动通过外形动作才得以表现，两者也是相互依存的。练拳时气势显于外故为阳，精神守在内故为阴，气宜鼓荡，神宜内敛，两者都应相互依存。虚领顶劲是头顶百会穴虚虚上领为阳，提裆敛臀是裆下会阴穴轻轻提合为阴，下有提裆就会上有顶劲，上下呼应，两者也自然是相互依存的。

当然，阴阳互变既不能太过也不能不到位，“无过不及”的中庸之道才是阴阳转换的正道。练拳时对全身内外、上下、前后、左右任何一处的虚实转化，应充分掌握一个度，阴阳的任何一方如有太过，则另一方必然会形成不及。例如：若久旱不雨为阳亢太过，阴雨连绵则为阴霾太甚，任何一方太过便会形成灾害。中医学讲只有阴阳平和，人体才能免于疾病，如阴阳偏胜时就会产生病变。太极拳锻炼的“无过不及”就是达到平衡的要求，人体自身的上下、前后、左右、内外都须达到平衡。太极拳锻炼中，人体与自然界也应相互平衡和谐。自然界只有平衡和谐才能化生万物，日月星辰运行有序，天清地宁，风调雨顺，作物丰登。太极拳锻炼时，头顶百会穴的上领是天人之间的气的贯通，意气松沉至脚底下的涌泉穴是地与人之间的气的连接，天为阳，地为阴，上为天时，下为地利，中为人和，这是人和自然界的阴阳平衡。

自然界的一切事物和人的心理活动能得以平衡与和谐，是由于外界事物与人的内在心理模式之间，有一种结构相同的作用力关系。虽然事物与心理活动的本质不同，但对力的作用模式在某种程度上相同，使主体与外物之间就产生了共鸣。《黄帝内经》说：“察色按脉，先别阴阳”“审其阴阳，以别刚柔”。这不仅是中医对患者的诊断，也是太极拳锻炼中对其阴阳刚柔变化的判断。

《太极阴阳总论》云：“纯阴无阳是软手，纯阳无阴是硬手。一阴九阳根头棍，二阴八阳是散手。三阴七阳犹觉硬，四阴六阳显好手。惟有五阴兼五阳，阴阳无偏称妙手。妙手一着一太极，空空迹化归乌有。”太极拳锻炼的一招一式都是有柔有刚，有虚有实，有开有合，有松有敛，而且是刚中寓柔，柔中寓刚，虚中有实，实中有虚，即是阴阳的互变，在变化中求平衡，在平衡中才获得各方面的和谐，和谐才是锻炼的目标。人体的和谐即阴阳平衡，百脉畅通，心旷神怡，身心健康，颐养天年。唯有达到五阴兼五阳，可称阴阳得到了平衡状态，才算得上太极拳的妙手，方为刚柔相济，虚实相宜，运化无方。

# 太极拳八门五步与太极八卦五行

## 太极八卦五行

太极五行也是太极文化的内涵之一，与太极阴阳一样，也充分融入了太极拳文化中。太极五行是以金、木、水、火、土五种物质为元素来解释一切事物的起源，运用五种物质之间的相互联系和相互排斥来说明事物的运动和变化，与太极阴阳并称为阴阳五行学说，是我国古代纯朴的唯物辩证思想，是归纳阐述人体与外界环境之间的关系的一种方法。根据这五种物质元素的特性，抽象地概括事物的属性。例如：木的特点是生发、柔和，则人体的肝、胆、目、筋等归属木；火的特点是阳热、上炎，则人体的心、小肠、舌、脉等归属火；土的特点是长养、变化，则人体的脾、胃、口、肉等归属土；金的特点是清肃、坚劲，则人体的肺、大肠、鼻、皮毛等归属金；水的特点是寒润、下行，则人体的肾、膀胱、耳、骨等归属水。春、夏、长夏、秋、冬有五季；东、南、中、西、北有五方；风、暑、湿、燥、寒有五种气候；青、赤、黄、白、黑有五色；酸、苦、甘、辛、咸有五味，都可以归属于金、木、水、火、土。早在殷商时代人们就有所认识："水火者，百姓之所饮食也；金木者，百姓之所兴作也；土者，万物之所资生，是为人用也。"后来人们进行抽象推演到整个物质世界，认为这五种物质具有相互资生、相互制约的关系，而且在不断变化、不断运动之中，称其为五行。五行之论可以用以说明人体脏腑组织的生理特点和内在联系，中医学就是根据生克乘侮的变化规律，了解生理与病理情况，并指导临床诊断与治疗。人体与自然界的关系也可以用五行的特性来说明，如气候四时五气和生活中饮食的五味等均具有五行特性，说明了人体与自然环境之间相互联系的统一性。

无极生太极，太极生两仪，两仪即阴阳，两仪生四象，四象即少阳、太阳、少阴、太阴，四象生八卦，八卦即乾、坤、震、巽、坎、离、艮、兑，它是由天、地、雷、风、水、火、山、泽八种自然事物构成。世间万物以天、地为根本，其他六种事物是由天地所产生，天为乾、地为坤、雷为震、风为巽、水为坎、火为离、山为艮、泽为兑，由一变生二，由二变生三，由三变生八，由八变生六十四，再发展变生为三百八十四爻。后汉三国时诸葛亮就根据太极阴阳八卦的变化，在入川时便设下了奇门遁甲八阵图，即开门、生门、休门、伤门、杜门、景门、死门、惊门，也称八门阵，等于埋伏下十万精兵，用以防御东吴的入侵。

八卦之爻就代表着阴阳的变化，八卦之爻为乾三连、坤六断、坎中满、离中虚、震仰盂、巽下断、兑上缺、艮覆碗，代表着阴阳的各种不同变化。八卦与五行是人生天然的本性所致，是讲究人体的阴阳变化及相生相克之理，这也是太极拳阴阳互变的运动法则，所谓："手舞八卦，脚踏五行。"





## 太极拳八门五步与太极八卦五行的对应关系

太极拳的外形动作有拳打、脚踢、掌推和进退、腾挪等形式的组合，其术法便是掤、捋、挤、按、采、挒、肘、靠和进、退、顾、盼、定这八门五步十三势。掤、捋、挤、按、采、挒、肘、靠合称八门，为手法；前进、后退、左顾、右盼、中定合称五步，为步法。练拳时要心系八卦，脚踏五行，其数十三均出于自然，就成为八门五步的十三势，也是太极拳运动的核心。

杨露禅所传《八门五步》对八门五步与八卦五行的对应关系分析如下："掤（南）、捋（西）、挤（东）、按（北）、采（西北）、挒（东南）、肘（东北）、靠（西南）——方位；坎、离、兑、震、巽、乾、坤、艮——八门。方位、八门，乃为阴阳颠倒之理，周而复始，随其所行也。总之，四正四隅，不可不知矣。夫掤、捋、挤、按，为四正之手；采、挒、肘、靠，为四隅之手。合正、隅

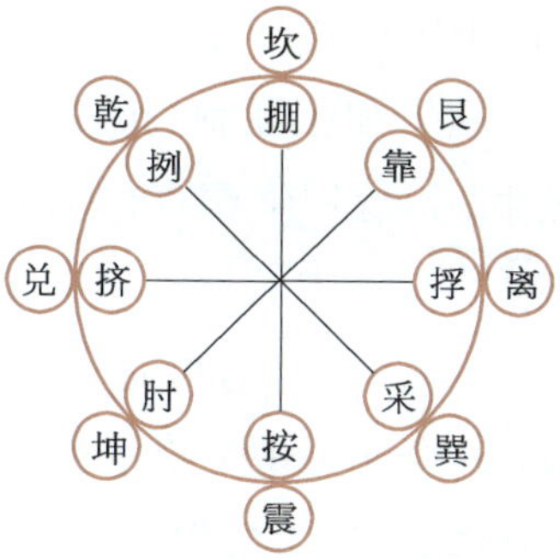


图6　八门方位对应图

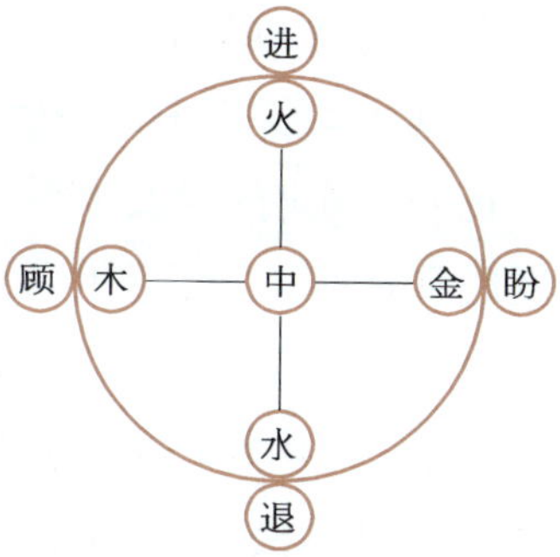


图7　五步与五行对应图

之手，得门、位之卦。以身分步，五行在意，支撑八面。”上述拳谱说明，八门即掤（南）、捋（西）、挤（东）、按（北）为四正；采（西北）、挒（东南）、肘（东北）、靠（西南）为四隅，称作方位；坎、离、兑、震、巽、乾、坤、艮为八门，合四正四隅之手得门、位之卦（图6）。五步对应五行（图7），即前进（火）、后退（水）、左顾（木）、右盼（金）、中定（土）；进退为水火之步，顾盼为金木之步，中土为身躯回旋之轴心，无论前后、上下、左右都必须循中，守住中定就是太极拳锻炼的“中土不离位”；以身得步意在五行，才能支撑八面。

## 太极拳锻炼与五行生克乘侮的关系

五行的相生关系为：木生火，火生土，土生金，金生水，水生木，依次循环相生。五行的相克关系为：木克土，土克水，水克火，火克金，金克木，同样是依次循环相克。这五种物质元素既相生又相克，就如“石头剪刀布”的游戏，循环往复形成了所胜与所不胜的辩证关系。太极拳所有的招式与技法变化也遵循了相生相克的道理，不存在任何绝招，所有的招数都是能主动打击也能被化解无形。例如：太极四正推手的四正盘圈的基本方法，就使用掤、捋、按、挤四种招式组成了整个圆圈，你按我挤，你掤我捋，我按你挤，我掤你捋，依次循环往复，完全符合五行生克的道理。

事物的相生相克是不可分割的，“造化之机，不可无生，亦不可无制。无生则发育无由，无制则亢而为害”。自然界的一切事物在其运动变化中，必然存在着相互滋生和相互制约的作用，只有在滋生中有制约，制约中又有滋生，五行相生相克，事物才能发展和运行不息，而相乘相侮就是事物发展中的反常现象，五行之说也应验了太极拳“无过不及”的要求，相生与相克应处于平衡。乘，是乘虚侵袭的意思，例如在太极推手中一搭手，对方便说你这里不松，那里太硬，待你松懈而不注意时，对方便乘虚而入将你击出，这就是二人之间的相乘表现。侮，是恃强凌弱的意思，例如在太极推手时，双方的功力和体重过分悬殊，二人推手就成了恃强凌弱的相侮表现。“气有余，则制己所胜而侮所不胜。其不足，则己所不胜侮而乘之；己所胜轻而侮之。”相生相克是事物发展的正常规律，而相乘相侮是反常行为。太极拳可以小胜大，但前提条件是必须具备“引进落空”和“借力打力”的攻防技艺。

# 太极拳的道法自然

太极拳的理法，蕴含着极其深奥与丰富的哲学思想。太极拳的运动规律与天地万物日月星辰的运动规律有关，人们称太极拳为“天人合一”之术。

太极拳讲究的是以静制动、以柔克刚、借力打力，在武术拳种中是一种较为独特的拳术。太极拳、形意拳、八卦掌因在练法上都有相通之处，被称为内家拳。如果说太极是人体内在的物质运动，那么拳术就是人体运动的外在表现。太极拳便是人体内形运动与外形动作的辩证统一体，但又必须以内形的运动来支配外形，成为内修外练的内外兼修项目，这就是太极拳。

无论八卦五行、阴阳虚实，太极拳运动是由内形带动外形，其内形的运动是以意导气，以气运身。内形及外形运动的具体表现为曲伸开合，曲伸是指外形四肢的表现形式，开合是指人体内在的表现形式。运动的路线必须是走螺旋式的圆弧形，运动中的变化是人体内外的阴阳转换。太极拳外形攻防的一举一动均有的放矢，称为招中有术，以意念为主，由意念引导气血周流全身；由内形的意气运动带领外形的武术动作，即先由意动，继由气动，再由腰动，后由四肢动；以内形为主，外形为辅，才称为太极拳。如果以外形动作为主，即使在躯体扭动或起落时促成了内脏器官的运动，但因只是由外动带领的内动，便不是太极拳了，这样主次颠倒而成了外家拳术。《十三势行功心解》云：“以心行气，务令沉着，乃能收敛入骨。以气运身，务令顺遂，乃能便利从心。”光有肢体动作而无内的引导，既无太极内在的运动，又无拳术的攻防技击意义，严格来说不能称为真正的太极拳，比如当下普及流行的太极拳操。当然，我充分肯定太极拳操活动对倡导全民健身的积极作用，并无贬低的意思，但作为太极拳习练者应权衡取舍，拳操和传统拳术两者的锻炼功效有着明显的差距。凡有志于修炼上乘功夫者就不应该停留在拳操水平而满足于现状，应更上一层楼向高深水平迈进，坚持传统拳术的锻炼，学无止境，练无不尽，韵味无穷。

太极拳，道法自然，天人合一。宇宙空间的日月星辰都呈圆球形体，无极是阴阳二气相合而成混元一气，太极是阴阳二气分开的状态，无论无极还是太极，所呈现的都是混元体。圆球状是宇宙空间日月星辰的本体，太阳是圆球体，地球也是圆球体，月亮和星星均为圆球体，都是循着圆弧形路线运行。事物的发展是波浪式前进和螺旋式上升的，太极拳自然也因循着圆弧形的螺旋路线行功，随腰环转的过程中手臂、腿脚也在螺旋自转，“拳有九节劲，节节走螺旋”。这种螺旋有内旋和外旋之分，所生发的劲道在杨式太极拳中统称为螺旋劲，这便是太极拳的圆。





太极拳锻炼要讲究规矩，规是圆，矩是方，圆为阴，方为阳，应该是有圆有方才合规矩。练拳的动作路线要走圆，拳势动作要落点成方，一招一式都应有圆有方。人体本身就分方圆，身躯和四肢之本体呈圆形，躯体又分前、后、左、右四个方面；腿脚又分前、后、内、外四个方面；手臂亦如此，拇指一侧为上，小指一侧为下，手背一侧为外，手心一侧为内。人体还有点、线、面、体之分，本体和动作路线呈圆，切点和面成方。杨露禅所传拳谱《太极正功解》对“太极方圆”作了这样一番阐述：“太极者，圆也。无论内外、上下、左右，不离此圆也。太极者，方也。无论内外、上下、左右，不离此方也。圆之出入，方之进退，随方就圆之往来也。方为开展，圆为紧凑。方圆规矩之至，其孰能出此以外哉？如此得心应手，仰高钻坚，神乎其神，见隐显微，明而且明，生生不已，欲罢不能。”

方和圆是顺应大自然的运动法则，太极拳不仅要求内形运动与外形动作紧密结合，还必须与自然界天地万物的运动规律相顺应。太极拳的路线运转为圆，落点成方，太极推手时的走化和发放也在圆圈的切线方向上向外便成方。方为开展，圆为紧凑，方圆为练拳之规矩，方在外为阳，圆在内为阴，圆之出入，方之进退，随方就圆，随圆就方，也是阴阳相济的方圆之理。所谓“方为开展，圆为紧凑”“圆之出入，方之进退”。太极拳不能出圈之说，是惟圆而无方，只讲阴而不知阳，是有阴而无阳，知其一而不知其二。太极拳是一项养生健体和攻防技击相结合的运动项目，立身中正稳妥，动作处处走圆落方，一切顺乎自然规律，包括行气呼吸均应保持自然而不牵强。太极是道，道法自然，太极拳运动也必须顺应自然，全身各处均应保持自然状态。天人相应，这便是太极拳的运动法则。

# 太极拳的哲理之光是阴阳辩证论

习练太极拳应该树立正确的哲学理念，要一步一个脚印，脚踏实地、从简到繁、由浅入深地进行。太极拳没有速成班，俗语说“欲速则不达”，精湛的拳艺不是一朝一夕就能达到的。通往成功的道路不会一帆风顺，在锻炼过程中会有曲折，会有反复，练拳心境时好时坏，热情也会有高涨和低落，如果能克服种种消极因素，坚持正确的锻炼方法，最后必然会有所收获。

太极拳被称为哲学拳，处处贯穿着哲学思想，太极拳的哲理是根据思维和物质的存在方式、事物的阴阳互变原理而生成，因此，在太极拳运动中所产生的众多问题，必须用辩证的方法加以说明。太极拳锻炼没有神秘之处，只要用科学的头脑加以理性思考，所谓神秘就不攻自破了。太极拳锻炼应当遵循阴阳互变原理，练拳者应破除神秘和玄虚传说，倡导科学练拳。太极拳锻炼是一种对身心的创造性活动，在创造性活动中不断去捕捉自己的意象和灵感，在运动中掌握太极拳的发展和变化规律。

社会生活中的一切事物要一分为二来看待，先哲们将事处之中存在的相互对立又相互依存的关系归纳为阴与阳。太极拳被称为文化拳、阴阳拳、哲学拳，哲理是太极拳的闪光点，一定要用辩证的方法去看待太极拳运动。世界是辩证的，自然界是辩证的，人生是辩证的，太极拳锻炼也是辩证的，只有运用辩证关系去解读太极拳，才能打破很多锻炼中的迷津，实现科学练拳。

简单地说，太极拳仅仅是一种身体锻炼项目而已，若抛开身体锻炼层面，将它放到宇宙运动和人类生存的环境中来考虑，由此及彼、由表及里地深入观察，就会看到太极拳内在的闪光本质，太极拳的哲理之光，那就是太极阴阳辩证的规律。

## 你中有我，我中有你

元代有一位富有才华的管夫人，得知丈夫欲纳妾，便写了一首《我侬词》送给丈夫，词曰："你侬我侬，侬煞情多；情多处热似火！把一块泥，捻一个你，塑一个我。将咱两个，一齐打碎，用水调和，再捻一个你，再塑一个我。我泥中有你，你泥中有我；与你生同一个衾，死同一个椁。"介绍这首词是为了说明太极拳锻炼中阴阳、虚实的辩证关系，犹如"我泥中有你，你泥中有我"，即是阴中有阳，阳中有阴，虚中有实，实中有虚。

太极拳锻炼中的所有动作都包含着这样的辩证关系，例如虚与实、刚与柔、松与敛、开与合、收与放、曲与伸、小与大、快与慢、表与里、难与易、显与隐、形与神、有我与无我、有为与无为、有限与无限等，两者之间都存在着相互对立统一又相互消长依存的关系。难和易两者相携构成；有与无两者相伴而生；前和后两者相互随从；长与短两者相对而视；高和低两者相待而依。阴不离阳，阳不离阴，两者之间谁也不能离开谁，便是"你泥中有我，我泥中有你"。

## 难易之辨

太极拳锻炼是看似容易学时难，很多拳友在尚未练拳时总认为这样慢条斯理的太极拳老人、小孩都会，对青壮年来说岂非太简单？然而当你一旦开始学练，就会感到太极拳并不简单。太极拳汇集了数千年的中国文化，要完全了解和精通它确实不容易。俗语说"万事开头难"，太极拳动作要求全身上下内外协调一致，初学时必然是照顾了手就顾不了脚，就成了手动脚不动；照顾了脚就忘掉了身，就成了脚动腰不动。手、脚、腰不能协调配合，外形动作与内形相配合就更难做到了。初学时的动作总是顾此失彼，即使是锻炼到一定程度，要真正做到"周身成一家”和“一动无有不动”，也是相当难。难、长、繁、慢和整体性，这是太极拳锻炼的特性，同时也增添了锻炼的难度。那么，如何做到全身上下内外一动无有不动呢？

难与易、长与短、大与小、高与低、前与后、繁与简、慢与快、整体与局部都不是绝对的，两者都是相对而言，难易之辨，关键是用心在意。我的一个朋友对古今文化造诣深厚，对国内外的政治、经济、军事形势颇有见解，对股市行情的技术分析也不逊于专业分析师，但就是对学练太极拳感到非常困难，责怪自己太笨了。其实他很聪明，这不是笨而是心不在焉。也有不少拳友在练拳初期感到并不难，因为是从简易练起，只要能专心学拳、用心揣摩，一招一式细心领会每天都会有新的收获。也有人认为太极拳学会容易学好难，学精更难，越练到后期感到难度越大，这是从简到繁的正常过程。练太极拳真正难是难在更上一层楼或跨越一个新的台阶，这时能感觉到越练越难，恰好说明自己的拳艺有了增长和进步，太极拳理念进入深层阶段。

一切事情学会和入门不难，若要登堂入室却非一日之功，比如照相摄影，学会只需花上半天的时间就够了，若要学好学精成为一名摄影艺术者，就不是一件容易的事了，其他技艺皆同此理。再如学拉二胡，只要手指灵活把持部位准确，就能拉出音符的基调，人称“讨饭胡琴一黄昏”就是说花上一个黄昏的时间就会拉音符了，但要拉好就非常困难。对一位优秀的戏剧演员来说，“台上一分钟，台下十年功”。太极拳锻炼也同样如此，学会一套拳架动作并不难，只要坚持3个月就能学会，但再花3年恐怕也学不精，有些人将一辈子都用在学练和钻研上，还不能达到尽善尽美的境界。由初级到中级再到高级，从基础阶段进入懂劲阶段，从懂劲阶段进入神明阶段，必然会经历一个又一个瓶颈期，跨越一个又一个台阶，就像要突破有人严密把守的关卡那样，感觉困难重重难以通过。如果能解决瓶颈冲破这一关卡，将会产生一次飞跃。有时，为了突破某一关卡会苦思冥想，却因始终不能解开那个谜团而感到困惑。正因如此，不少人认为太极拳既难又繁，还将太极拳称为“太难拳”，如果就此灰心放弃，那就始终存有这一空白不得解决而停滞不前，此时知难而退，半途而废，真为其叹惜！这时候，更要继续努力绝不放弃，自然会水到渠成，面前的难题便迎刃而解。

老子说："有无相生，难易相成，长短相形，高下相倾，音声相和，前后相随。"难易相成，就是指"难"和"易"两者相伴而构成，"难"和"易"不是绝对的而是相对而言。道家思想是"有为有所不为，无为无所不为"。"有"与"无"两者相伴而生，这与太极拳的"难"和"易"有相通之处，做事或为学总是有难有易，必须以唯物辩证的科学头脑对待难和易。俗语有"天下无难事，只怕有心人""只要功夫深，铁杵也能磨成绣花针"，在能用心和肯下工夫的人面前是没有困难的。由此可见难和易不是绝对而是相对的，有难必有易，有易必有难。

记得从前在中学课文里有这样一则故事。在古代西蜀偏僻处，至南海有几千里的路程，一富一贫两位僧人欲往南海拜佛，富僧想备舟南下，却因困难而未达成，只得放弃。数年后，贫僧却徒步自南海拜佛返回，富僧听闻自感惭愧！这不是贫与富的问题，而是有没有坚强的意志，有志者事竟成。课文是这样说的："天下事有难易乎？为之则难者亦易矣，不为则易者亦难矣；人之为学有难易乎？学之则难者亦易矣，不学则易者亦难矣。"这正说明了难和易的辩证关系，人有志弱和志强之分，对志弱者来说做任何事都是困难重重，困难就像一个沉重的包袱，被压得透不过气，只能遇难而退躺下不干，那就只能永远生活在平凡之中。在志强者身上就见不到"困难"二字，越是困难就越能运用自己的智慧，越能发挥自己的才能，越能获得成功的乐趣，头脑聪慧做事认真的人，能够知难而上，从困难中去寻求快乐，不断进步。

学练太极拳说容易也并不容易，说困难也并不困难，只要用心在意，具备信心、决心、恒心，能坚持不懈地锻炼并钻研，就会化难为易，即使不能功成名就，也必然会受益匪浅。运用科学辩证的方法去看待太极拳锻炼中的难和易，正确和全面地理解锻炼过程中由简到繁、由浅入深的道理，寻求突破困难的钥匙，从而获得创造性的灵感，日积月累，潜移默化，终究能够豁然贯通。

## 动静之机

大千世界，从巍峨壮观的高山大海到芥豆之微的小草，从万物之灵的人类到单细胞的原虫，一切事物无时无刻不在运动之中。天空中没有不变的云彩，大海里没有不滚动的波浪，河边的垂柳没有不摆动的绿叶，大自然也有风雨的变幻，"濯足急流，抽足再入，已非前水"，一切事物无时无刻不在运动中发展和变化。大自然是有生命的，运动不仅是事物的基本属性，还是物质的存在方式，更是生命的表现。人是有生命的，生命也是在运动中成长，从呱呱坠地的婴儿到少年、青年、中年、老年，看书学习、工作劳动、发明创造等，人始终处在运动中。同时，自然界中的客观事物随时都在发生着变化，这些变化反映到人的内心世界，必然使心灵有所波动，人的内心世界也时刻处在变化之中。这些都是人的生命力的具体表现。

整个宇宙就处在不停的运动之中，人们在生活中所接触到的一切事物无不在运动中显示着存在，动态是真实感的表现，动态能给人带来美的感觉。人只有在运动中才能显示出生命力和创造力，没有动也就没有了生命。没有了生命的活力，除了死寂，没有了任何生活的快意。钱塘江涌潮堪称世界一大奇观，平时温柔和安静的钱塘江水到了农历八月十八，就会波涌浪滚，其势如吞虎，在浪潮汹涌和澎湃拍岸的瞬间，这一刻的所见潮景是一种力与美的结合。我们看球类比赛时，只见运动员满场穿梭奔跑，连整个球场都是动态的，特别在进球的瞬间更是勾画出一幅让人激情四射的美图。运动不但显示着生命，还显示着动态美，使人们感受到了自然界的万物成长的力量，这是一种不可抗拒的力量。

太极拳就是依据大自然的运动法则进行锻炼，强调的是人的整体运动而不是局部，整个躯体、四肢的骨节、肌肉和皮毛，以及所有内脏器官，营、卫、气、血、神、意等，全身内外、上下、前后、左右一动无有不动。太极拳遵循生命规律而运动，在运动中求变化，在变化中求发展，在发展中求新生。正如唐代诗人杜甫所云:“莫取金汤固,常令宇宙新。”运动的本质是动,有了动才能有阴阳,有了动才能分虚实,有了动才能吐故纳新,有了动才能促使人体新陈代谢。因此,太极拳也称为动态气功。

一切事物的存在都是相对的,有阴即有阳,有虚必有实,有生便有死,有明就有暗,有动必有静,有静必有动。动中寓静,静中寓动,动静结合。事物的静态只是相对动态而言,外表的动往往表现为内在的静,外表的静也往往表现为内在的动。齐白石所画的虾,总表现虾在水中浮游体态;徐悲鸿所画的马,总爱取马在原野上奔跑的雄姿。画本身是静止的,而画家所要表现的是一种动态的美,在静止中显示动感。法国雕塑家罗丹站在巴黎圣母院的穹门前,面对大教堂的阴影对人说:“大教堂变移不居的阴影表现着运动,动是一切事物的灵魂。”动与静既统一又对立,动离不开静,静也离不开动,没有绝对的动,也没有绝对的静,客观世界就存在着这种相对而平衡的景象。

动,带来力量和美感;静,给人柔和的美感。一个人在车水马龙的闹市住久了,烦动和噪声会带来忧扰,引起心神不宁。而到了野外大自然的怀抱里安静地躺在草地上,什么也不去想,只呼吸着清新香甜的空气,便会使人感到安宁恬淡的静穆和柔美,生活在城市的人就喜欢到山野或农村,去享受片刻山野宁静的快乐。养身必先养心,养心需要安静,静有益于身心的健康,静使工作学习能得以专注,静还能触发灵感。唐代诗人李白的《静夜思》就是在夜深人静、明月似霜的环境下,触发了诗人的思乡情绪。“床前明月光,疑是地上霜。举头望明月,低头思故乡”,鲜明而生动地勾勒出一幅月夜思乡图,成了后人常诵的千古绝句。然而,人生活在凡尘俗世,除了工作学习还有七情六欲,纷纷扰扰带来烦躁的情绪和不安的心理,想寻找一点平静和一片心灵的净土来消除烦恼和缓解压力也并不容易。太极拳锻炼就是静中寓动、动而犹静,在喧闹纷扰的生活环境中,能够寻得哪怕是短暂的一小时的安宁,这对一个人的思想情绪与精神活力大有裨益。动极必静,静极必动,犹如中国古诗所说:“蝉噪林愈静,鸟鸣山更幽。”从养生学角度来说,有静养、动养、食养三大类之分,太极拳就取了静养与动养两大类,有动有静,动中求静，静中寓动，动静结合的美组成了极富生命力的律动。因此，习练太极拳，一定要掌握练拳中的动静之机。

太极拳锻炼讲究动静结合的行功方式，动功以运动为本，内功以虚静为本，一动一静，一阳一阴，两者结合，神形合一，内外兼修。王宗岳《太极拳谱》云："太极者，无极而生，动静之机，阴阳之母也。动之则分，静之则合，无过不及，随曲就伸。"这里所提的动静、分合、曲伸都可分阴阳，动、分、伸属阳，静、合、曲属阴，阳和阴在运动中相互依存，相互转化，即为"你泥中有我，我泥中有你"。在太极拳锻炼中不能一味地求静，也不能单纯地只讲动，既要讲动又要讲静，动静相宜，不可偏颇。动中求静是形动神静，形于外，神于内，在神动中求形静，在形动中求神静，动静互为其根。虽动犹静，要在动态中留有静意，虽静犹动，要在静态中藏有动机，动能使气血流注，静能使身心坦然，动与静互为因果，有动就有静，有静也就有动。太极拳锻炼时求形动而神静，动是绝对的，静是相对的，在绝对的动中蕴含着相对的静，在相对的静中也蕴含着绝对的动。形宜常动，神宜常静，形为神之宅，神为形之主。古人云："夫静者，静其性也，性能虚静，尘念不生，则其机自动矣。动者非心动，是气之动也。气机既发动，则当以静应之。"静中触动动犹静，动中寓静静生动，视动犹静，动以待静；视静犹动，静以待动。动中含静，静不离动，动在于形为阳，静在于神为阴，动极而静，静极而动，这便是太极拳锻炼中的动静关系。

## 刚柔相济

有些练拳者主张太极拳锻炼要大松大柔，松得彻底，柔到极点，丝毫不能用力，称一用力就不是太极拳了。这是对太极拳"用意不用力"和"全身放松"要求的片面理解。所谓"不用力"绝不是一点力也不用，不用的是拙力和僵劲，但必须要用先天自然之力，有生命就有运动，有运动就要用力，先天之力是与生俱来的，胎儿在娘胎里就开始有动称为胎动，婴儿幼童的一举手和一抬腿，这都是先天自然之力。太极拳为动功，不仅手脚要动，腰胯躯体要动，内脏气血要动，骨节肌肉、眼神、舌齿、皮毛全身各处一动无有不动。动就是力的表现，这种用力不是故意的，也不是后天生成的，而是先天固有的，先天之力就是自然存在的。放松绝不是无限度地松散，柔软也不能无限制地柔软，单纯地强调松和柔不符合太极拳的阴阳之理。放松与收敛、柔软与刚强均是一对矛盾体，一松一敛，必须松中有敛，敛中有松，一刚一柔，必须刚中寓柔，柔中寓刚，这类课题须从太极为阴阳之母中去研究和探讨。太极拳运动中的一切都可以用阴阳来解说，按事物对立和统一的唯物辩证观点去看待，有力与无力、放松与收敛、柔软与刚强，也就是一对矛盾中的两个方面，不是绝对而是相对的。一丝一毫也不能用力的话，就只能躺在床上不能动弹了，即使躺着翻个身也必须要用上力，有力与无力应相对而言，有就是无，无也是有，无中生有，有中现无。放松也应该有个极限，超过了极限就成了一盘散沙，过分的柔软就变成软体动物只能软坍在地上了。柔应该与刚相对，刚为阳，柔为阴，也是一对矛盾的两个方面。在运动中应该具备松中有敛，敛中有松，刚中寓柔，柔中寓刚，这都为太极阴阳之母的唯物辩证关系。凡是从内向外放松而开的为“由里达表”，属于阳；凡是从外向内收敛而合的为“由表及里”，属于阴。就内气而言，在放松而开的同时伴随着“气宜鼓荡”，在收敛而合的同时伴随着“气敛入骨”。对于松与敛，柔与刚都不可能单独存在，才符合阴阳相济的道理。《十三势行功心解》云：“运劲如百炼钢，无坚不摧。”又云：“极柔软，然后极坚刚。”说明了太极拳不是柔拳更不是软拳，如果片面地讲究大松大柔，软若无骨，这就真的不是太极拳了。柔软是为了坚刚，坚刚中也藏着柔软，柔软是太极拳的锻炼手段，坚刚是锻炼的目的，先要摧僵化柔，然后才能积柔成刚。太极拳锻炼如果避开刚而只讲大松大柔，不符合太极拳的阴阳虚实之理。然而，坚刚是坚强有力而不是僵硬，柔软也不是疲软无力，太极拳内劲就是既软绵又沉甸的，犹如“棉裹铁”外表柔软，内里坚刚，柔中寓刚，柔软中藏着坚刚，坚刚里又含着柔软。从技击方面讲，化劲以柔为主，但柔中应有刚作为后盾；发劲以刚为主，但刚中应有柔作为变化。气势向内收敛时为吸为吞，则外现轻和此为柔；气势向外发放时为呼为吐，则内显静重此为刚。刚与柔就是一对矛盾，分而合，合而分，你中有我，我中有你。用刚时不可无柔，无柔则滞重不速；用柔时亦不可无刚，无刚则走化不灵，必须是刚中寓柔，柔中寓刚，才能称得上刚柔相济，“柔里有刚攻不破，刚中无柔不为坚”。

上善若水，最高的善就像水一样，水滋润万物，造福万物，而永不与万物争斗，看似柔弱却能包容天下。《老子》云：“水善利万物而不争。”人离不开水，地球上的水资源虽然很多，但是淡水资源却仅仅只有2.5%左右，淡水资源已严重缺乏。水与道也是很有缘的，到过都江堰的人就更能理解水与道的关系。都江堰是中国古代最伟大的水利工程，青城山又是我国道教的发源地之一，“拜水都江堰，问道青城山”，水是道，道是水，两千多年前的都江堰水利工程，就是李冰父子运用了道法自然的因势利导原理，采用了分水鱼嘴、飞沙堰、宝瓶口等建设措施治理了岷江的水患。太极拳为道，讲究道法自然，因势利导。练拳时动作如若行云流水，但内在的感觉却似涌浪，气血的流动恰如潮水般时起时落，内劲的练成靠的是滴水穿石般的毅力，日复一日地磨练。

拳道与水道为一统，水是柔性的也是刚性的，水能载舟也能覆舟，水能带给人莫大好处，也会带给人极大的灾害。太极拳的柔软如水，太极拳的刚猛也似水，水有刚的一面也有柔的一面，不能只见其柔而不见其刚，也不可只见其刚而不见其柔。太湖的水既平静又温柔，海宁钱塘江之浪潮既壮观又凶猛，海水温和时只是轻轻地涌动，海水咆哮时就非常可怕。太极拳讲究阴阳互变，在变化中得以和谐。水也如此，平静中暗藏着汹涌，汹涌中也孕育着平静；将太极拳当作戏水，有温柔平静也必然有汹涌澎湃，不可偏颇。拳，变化万端而理为一贯；水，也变化无穷，但万变不离其宗。柔与刚必须要辩证地看待，刚也是柔，柔也是刚，没有刚就没有柔，没有柔也就没有刚，有即是无，无也是有，刚与柔相辅相成是不可分割的。水是道，拳是道，拳与水也有相通之处，在练拳中经常会将自己变成水，无论是拳还是水都要讲究道法自然。

主张“大松大柔”，虽不能说完全错误，至少是不符合太极拳的阴阳之理。对松与敛、刚与柔的解读，当然是仁者见仁，智者见智。太极拳是一门具有很深奥学问的技艺，习练者应通过实践，真正理解拳意，从意境上理解太极拳的奥义，不能完全依赖于某人的主张或某一本拳书的记载，这些都只能代表个人的理解和认知，都是有限的。真理是在实践中获得，实践是检验真理的唯一标准，只有通过不断地实践，才能正确认识太极拳的阴阳和虚实互变原理。适宜的拳架应为“似松非松，将展未展”，至于松柔到什么程度才为标准就很难说明，总之就是只要全身各部位达到自然状态，舒坦安逸就好。太极拳之阴阳互动是为道，就应符合“道法自然”的要求。自然状态好比一条毛巾，先捏成一团后再松放在平面上，让它自然地松开，能松多少就算多少，练拳时的放松就应如此，不必去刻意强求。“大松大柔”的提法，走向了松与柔的极端，并不符合太极拳阴阳互变原理。

## 神形兼备

太极拳讲究神形合一，形是指拳架动作一招一式的外部形象，神则指其内在的精神实质。形是神的外在表现，神是形的内部实质，形离开了神便成了泥胎木偶，神没有了形就成了不可知的神秘之物。练拳需要形神兼备，以形传神，形是显露于外的拳势、招式，神是隐藏于内的神、意、气、血，既要求形似，也要求传神，要传神就要以形似为基础。抓住内在的本质特征，真实地传达出拳理拳法外在形态，那么“神”也就自然地蕴蓄其中了。形显露于外为阳，神隐藏于内为阴，阴不离阳，阳不离阴，形与神必须兼备，才为神形合一。太极拳锻炼不能只求形似，只求形似充其量只能是拳架套路的复制品，有时甚至连形似也不可得。齐白石曾说过，“写画我懒求形似，只怕声名到老低”，说明作画也须形神兼备。法国一位画家拿着放大镜花了四年时间画一幅肖像画，画得非常细致，连皮肤上细缕汗毛都能见，额头上细微的血筋和散在鼻子上的小黑斑都很清晰，眼珠也能放出光亮来。观后让人直发愣，这画像和真人简直一模一样。另一位画家只用一支秃笔，以豪放快速的手法便勾画出一幅肖像画，虽然笔法粗糙洒脱却也能传神。法国艺术理论家丹纳认为后者比前者要有力百倍，他说："不论是绘画或其他艺术，哄骗眼睛的东西都不受重视。"太极拳锻炼是为了强身健体、祛病延年、修身养性，要继承和发扬祖先留下的宝贵财富，要积极探索和研究太极文化，练拳不是戏剧表演，没必要用外形去哄别人的眼睛。

传神依赖于形似，形似也必须求真求实，所谓"真境逼而神境生"，传神的核心是一个"真"字，抓住事物内在的本质特征，真实地传达出其外在的形态，才是形神兼备。要在"形似"中凸显"神似"，更要突破"形似"而达到"神似"，以形传神，以神显形，形神兼备。要"传神"也并非是凭空刻画，要在实际观察的前提下抓住事物的本质特点，才能加以集中表现，并在形似基础上达到神似。太极拳的外形全是武术的技击动作，形似就是拳架的用意，练拳就要练出拳的真实内容来，有了形似才能传神。太极拳有些动作名称是以身边的事物、动物命名，便于理解招式中的技击意义，但并不是说就此"依葫芦画瓢"一成不变。有不少练拳者刻板地根据拳架名称比划动作，例如："白鹤亮翅"就将两手臂当作白鹤两张翅膀来展开；"野马分鬃"就将两手前后分开，形同奔驰野马被左右分开的鬃毛；"手挥琵琶"就是左手扶着琵琶，右手在挥弹；"弯弓射虎"就当作左手持一张弓，右手拿出一支箭架在弓弦上；等等。其实，拳架名称只是象征性的，拳架动作真正的内容并非如此，还应讲究动作的攻防技击用意，可参考杨澄甫的《太极拳体用全书》，也可以跟从授业老师在实践中领悟。

传神并非一味追求形似，有时候为了更利于传神，有意识地对外形做某些突破和变化，这就是离形得形。齐白石画虾，有意识地删除一些不损害虾真实形象的小腿，却又添上几条虾的短须，舍去其次要部分而突出其主要特征，就更传神。还有一些看似无形而实际却有形，如陈子昂的《登幽州台歌》："前不见古人，后不见来者，念天地之悠悠，独怆然而涕下。”寥寥几字虽然并无具体的人物和景物出现，但主人公悲怆的形象跃然纸上，非常传神，富有感染力。太极拳除了定势拳架与过渡动作外，还有承上启下和转弯的一些精微细巧动作，同样是传达内在技击及内功本质的有效手段。有人可以坐着或卧着练拳，外形动作极微小几乎不见其形，却能显现出练拳之神，见神显形，因神得形，看似无形却有形。有些拳家在与人交手或发劲时，只要身形略动其眼神就会发出光亮，形连神，神连形，如此即为形神合一。有人提出“练拳要得意忘形”是有一定道理的，因为以意带形，虽说得意忘形但其形还是客观存在的，却不能得形忘意，忘了意就丢失了神。忘形不等于无形，而是所有形动已达自然而然，有意动必有形动，才为形神合一。有些人认为太极拳练到高深水平可达“意动形不动”的境界，只要靠意念就能将人击出，从辩证观点分析可知这一说法毫无道理。又比如拳操，其动作有形而无其神，所缺失的就是太极拳的内在实质，这种只求形似不求传神的现象目前在太极拳锻炼圈内也普遍存在。追求形象华美，却内容空泛，见形不见神的练拳方式不符合阴阳之理。传统太极拳的锻炼必须追求形神合一，以形传神，以神带形，形神兼备。

形与神还应当视机会隐藏或显露，显露是外案，隐藏是内象，显露的为阳，隐藏的为阴，一阴一阳称为道。画家画龙总是让蛟龙藏于云端之中，腾飞翻滚，卷雨舒风，或露片鳞，或垂半尾，见尾不见首，用尽目力也见不到全龙，如此隐显叵测的龙，才让观者趣味无穷。显露的是形，隐藏的是神，神离不开形，形也不能缺失了神。藏与露、隐与显都是相互依存的，显露是隐藏的表现，隐藏是显露的内涵，这也是形与神的辩证关系。隐藏不是没有表现，而是为了更强有力地表现；显露也并非全是为了表现，有时显露得越多表现力反而下降。所谓“善露者未始不藏，善藏者未始不露”，景愈露，境界愈小；景越藏，境界愈大。对于形与神的显露与隐藏，都必须以辩证的观点去看待，大凡锻炼有素的太极拳家都谙熟此中三昧，藏中有露，露中有藏，藏露相宜，无过不及。

## 快慢相间

很多拳术都讲究强胜弱、快胜慢，人们不禁要怀疑太极拳如此慢条斯理的动作怎能与人搏击？其实太极拳并非是只讲慢而不求快，慢与快是相对而言，慢是为了动作更为细腻、精确，慢也是为了快，有了慢才有快，即所谓慢练快打。

只有慢练才能达到全身松柔、行动自然，慢练才能使内外动作匀和而连绵不断，慢练才能让动作求全、求精、求细，达到一动无有不动，慢练才能让气血周流全身无微不至，慢练才有利于全身关节肌肉舒展富有弹性，慢练还能使呼吸深长细匀内外配合，动作缓慢就是太极拳武术文练的基本特色。太极拳的韵味在慢练中才得以品赏，正如人生活在这缤纷多彩的世界，也要慢悠悠地走去，才能充分体验到人间的甜酸苦辣，人应抱着一种审美的态度去细细品味自然、品味人生，这才称得上人生的滋味。如果在人生道路上急匆匆而过，未及品尝人生滋味，走完了这条迷茫的路，又岂非可惜！欧洲南部的阿尔卑斯山脉中有一条公路，两旁的景色特别优美，人们都乘坐汽车去游览，而汽车总是急驰而过，人都无暇观看两旁的风景。于是有人便在路旁设立了一块大标语牌，牌上写着“慢慢走，欣赏啊”，劝告人们不要错过眼前的美景。去公园观看花展，有些人稍稍顾盼就匆匆而过，这叫“走马观花”；而有些人就不同，围着花树仔细端看，还要将花枝花蕾都一一摄入相机，这才称得上看景赏花。再如，从屏幕上看足球比赛，球员都在快速地满场飞跑，又快速地抢球、运球、进球，在这一瞬间很难看清进球的姿态和技巧，于是便出现了慢镜头，让你看清了很多细节。太极拳也必须慢慢练，全身上下、内外各个部位都是一动无有不动，不要放过每一精微细巧之处，这样才能练出太极拳的韵味。太极拳的慢练，是为了培育连绵不断全身协调的运动素养，提高拳艺水平，深入品味太极文化的丰富内涵，达到修身养性净化心灵的境界。

太极拳锻炼手段就是慢练快打。走架时动作慢是为了练得更细微精巧，慢就是为了快，快与慢也是相辅相成的，动作快即时间缩短，动作慢就时间延长，快就是短，慢就是长。长与短是一种时间上的感觉，在慢和长的过程中才能细致而精确，快和短只是一刹那，难以辨别细微变化。由慢到快，也可以由快到慢，人对时间的感受，说快就快，说慢也慢，这也是因人而异、因事而异，快慢感觉是相对的。一般来说在享受快乐时感到时间走得很快，在受煎熬时会感到时间走得极慢，“欢娱嫌夜短，寂寞恨更长”。太极拳锻炼在走架时就像放慢镜头，能显示出全身各部位的精微细巧之处，一动无有不动，同时，可以慢慢地去理解太极文化的深层含义，细细体会人与大自然融为一体的美妙韵味，要“慢慢走，欣赏啊”，这对太极拳锻炼来讲不失为一条有意义的座右铭。慢，更能显示运劲如抽丝而又如百炼钢的感觉；慢，感受得到连绵不断的无穷力量；慢，还显现着神舒体静与气势腾然的感觉。慢练是太极拳锻炼的独到之处，练拳者如能具备慢练的兴趣，善于触发丰富的运动感悟，做出正确的意象判断，便可以在拳势中不断汲取太极文化的清泉来滋润自己。这不仅有助于拳艺水平的提高，更重要的是净化了自己的心灵，使内心世界变得更为美好，人格也会变得更为高尚。一个人的物质生活可能是贫乏的，但他的精神生活却可以无比富有；一个人的生活经历可能是坎坷的，但他可以在太极拳锻炼中获得快乐而增强生活的勇气；一个人的生活处境可能是艰难孤独的，但他能在太极拳活动中找到知心朋友。

太极拳的慢并非是绝对的，慢与快是相对的，慢是为了快，快中有慢，慢中有快，慢是锻炼的手段，快是锻炼的目的，然后形成了太极拳“慢练快打”的独特风格。对初学太极拳，慢是为了练好每个动作细节，在慢的前提下才能一丝不苟地琢磨每一动作的转弯和左旋右转。对于熟练掌握了拳架动作的习练者，就不一定是非慢不可，快与慢是根据各人的需要而定。练拳可以慢也可以快，但是，快练时不能马虎粗糙，慢练时不能停顿呆滞。一般来说，在天气晴朗风和日暖时宜慢练，可以增加运动中的吸氧量；遇到天气阴寒有风湿时就应快练，以防止在运动中的风寒袭身。心情良好或时间空余时应慢练，有利于气血周流全身；心情欠佳或时间匆促时就快练和少练，能坚持锻炼总是有好处的。其实，练拳时两手脚也有快慢之分，有虚实就有快慢，一般是由虚变实略快，由实变虚略慢，过渡动作可以略快，定势动作需要略慢。初学走架要慢练，按拳势的招式单练动作时更要慢，才能反复地将细微动作都展示出来。招式的蓄发单练是练习内劲在瞬间的发放，动作应该较快。太极拳动作没有绝对的慢，也没有绝对的快，应该是能快能慢，快慢相间，快慢有度，慢练时的精确协调，才能成就快打时的稳准狠。《太极拳谱》云："动急则急应，动缓则缓随。"

在推手或散手的训练之中更能体现太极拳快慢相间的特点。动作的快慢决定了时间和速度，双人推手就是两人合二为一，两人动作的时间和速度也必须配合一致。推手讲究舍己从人，对方动作快了自己也就快应，对方动作慢了自己即慢随，这就是"动急则急应，动缓则缓随"。如果一方快而另一方慢，就会形成顶、扁、丢、抗的四种病手，双方动作的缓急快慢配合程度是实现沾、连、粘、随四种功手的关键。对于快拳和慢拳，一般都是慢让快，有力打无力，手慢让手快，均属于外家拳之能耐。外家拳术包括拳击在内，都讲究的是速度和力度，动作越快越好，甚至一秒钟内就能出拳数十次才称为快手。太极拳讲究快慢相间，要快就快，要慢就慢，又讲究"彼不动，已不动，彼微动，已先动"，只要彼方稍有动静，己之动作就抢在先，这就是体现了一个"快"字。"已不动"是为了以静待动，"已先动"是因为觉察到对方的微动，这就必须依赖于灵敏的感知，这就是太极拳的"听劲"功夫。"听劲"在太极拳技击中占有重要地位，只有在松静中才能获得，具备了这种"听劲"功夫，才能达到"知己知彼，百战不殆"。

太极拳在攻防技击中有后发先至、先以发之、化而击之等多种方法，均能体现出快与慢的关系。"彼不动，已不动，彼微动，已先动"，就在彼劲将动未动之时，已劲便接入彼劲急速发放，抢在彼劲之先，此为后发先至。当彼方之劲尚未发动之时，已即以迅雷不及掩耳之势抢先发劲，所谓"起手如闪电，电闪不及合眸。袭敌如迅雷，雷发不及掩耳"，此为以动制静、以刚击柔的先以发之。若彼方之劲占先发出，己便顺势引化，使其劲落空而失去平衡，是谓“引进落空合即出”，在“我顺人背”的情况下，己便顺势而发劲，此为化而击之。这种快与慢的关系，并非在于动作而是在于变化，动作的变化要靠意念领先，意念的变化比动作更为灵活，更为快速。太极拳的“快”就快在用意，《太极拳谱》云：“上下前后左右皆然，凡此皆是意，不在外面。”快，是短也是近；慢，是长也是远。太极拳要求“动贵短，劲贵长，意贵远”，所以在快与慢之间还渗透着长与短、近与远的辩证关系。推手中的舍己从人绝不是舍近求远，太极拳讲究挨着何处何处发，九节劲节节能发人，粘着点就是出击点，太极拳快在近和短，这是太极拳避远求近的技击方法。外家拳术追求动作的速度要快，太极拳追求以意领先的快变化，这是两者之间的不同之处。

## 曲伸相宜

曲与伸，也就是曲与直，生活中处处可见。上海城隍庙有一座九曲桥，直而曲，曲而直，斜跨荷花池塘。塘内金鱼成群，游鱼摆动姿态，也是曲而直，直而曲，这才显得活泼可爱。桥中连通湖心亭茶室，在齐整中有错落，平直中有曲折，美不胜收，使人流连忘返。一棵大树也是有直有曲，树的主干多数是直的，其枝节处必不可能直，因为生叶处定是曲出的，仔细观赏会发觉树之自然美。事物的发展和变化总是直中有曲，曲中有直，曲直相宜。在生活中，一般向亲戚朋友家祝寿的用语，大多是用的褒义词，例如“福如东海长流水，寿比南山不老松”之类的客套话，不足为奇。江南才子唐伯虎为一家五兄弟之母写的祝寿词：“这个婆娘不是人，九天仙女下凡尘。生下五男都是贼，偷得蟠桃献娘亲。”独到之处就是一贬一褒，也就是一曲一直，带来情绪上的顿挫而能别开生面，让人赞不绝口。

在太极拳锻炼中，行拳走架中四肢动作也有曲与伸。曲是收，伸是放，一曲一伸，一收一放，相得益彰。太极拳的曲伸动作主要表现于四肢及躯体部分。躯体的曲，表现在含胸拔背和气贴于背时，身躯便微曲成一张弓状，即所谓身弓；躯体的伸，表现在气沉丹田和气势鼓荡时，身弓松放而立身中正；手臂和腿脚在运动时有曲蓄和伸展之别。根据拳势要求，在一般情况下，总是一手曲、一手伸，一腿曲、一腿伸。伸展之手为实，曲蓄之手为虚；屈膝之腿为实，伸展之腿为虚。体现为曲中有伸，伸中有曲的曲直相宜。太极拳动作有“无过不及”的要求：曲，不能过分地弯曲，应保持曲蓄而有余；伸，也不能太直，伸而不直需带有微曲。所谓“手如抱月忌过直，腰如车轮忌脱轴”，因此，太极拳的伸，不能叫直而只能称伸。曲与伸，是太极拳动作的又一辩证关系。一曲一伸，就是人体的一种弹性训练。太极拳讲究“无过不及”的中庸之道，所有动作都应符合“无过不及”的要求。太极拳的曲与伸主要在于外形的手臂和腿脚，在曲与伸之中应处处留有余地，掌握“无过不及”的准则，这也是曲与伸的辩证关系。瑜伽动作处处讲究极端，太极拳动作却万万不能如此，要曲中求直，直中有曲，曲蓄而有余，伸而不直；手曲伴随脚伸是由实变虚，手伸伴随脚曲是由虚变实。





曲不离伸，伸不离曲。含胸拔背时，有全身收敛和气敛入骨的感觉；气沉丹田时，有全身开展和气势鼓荡的感觉，这便是躯体和内气的曲伸开合。欲伸而先蓄之，欲收而先放之，欲进而先退之，欲正而忽反之，欲左则右折之，欲下而先上抑，欲上而先寓下意，波谲云诡，变幻莫测，极尽吞吐开合、参差离合之致，一波三折令人荡气回肠。

## 开展与紧凑

总天地万物之理便是太极，天地之大其大无外，天地之小其小无内。大为开展，小为紧凑，说大就大，说小就小。《十三势行功心解》有云：“先求开展，后求紧凑，乃可臻于缜密矣。”太极拳的开展就是放大，紧凑就是缩小，一般来说初练太极拳者对所有动作应尽量放大，待到熟练后就可以将动作逐渐缩小。动作的放大就是要将每一处细节充分表现出来，比如动作的往复折叠和行走路线的高低方向，都能清清楚楚、明明白白。动作的缩小是从生疏到熟稔必然的过程，从大圈练到小圈，乃至“无圈”而臻于缜密。这里要特别说明一下，“无圈”并非是没有动作，不是停止了动作，而是其划圈动作变得极小，动作越小其变化越快、越灵活。

正如客观世界可以区分为宏观世界与微观世界一样，人的心灵与太极拳也有宏观与微观之分，动作的放大有助于反映宏观的一面，动作的缩小有助于反映微观的一面。开展与紧凑、放大与缩小都是相互依存的，开展中有紧凑，紧凑中也有开展，放大中有缩小，缩小中有放大。一滴水虽小但可透视太阳，地球虽大但在宇宙中只是一个小小的圆球，所谓“大出人寰，细入毫发”。开展与放大属于宏观的一面，紧凑与缩小属于微观的一面。宏观表现在古诗中有“无边落木萧萧下，不尽长江滚滚来”“三万里河东入海，五千仞岳上摩天”，如此的气魄，多么雄伟。微观表现又如“竹外桃花三两枝，春江水暖鸭先知”“小荷才露尖尖角，早有蜻蜓立上头”，极为细小。大与小应相对而言，不能只讲大而不讲小，也不能只讲小而不讲大，大小相宜才是最合适的。对于一个极小或者极大的物体来讲，因目力不及而模糊不清，如病菌之类，肉眼很难看清它的具体形状，必须通过显微镜放大才能看清其构成；又如我国的万里长城及长江、黄河，站在近旁就只能见到局部，不可能看到其曲折延伸与浩瀚的全貌，这就需要运用航拍缩小的方法。大与小各有其独到之处，如要观其细微之处就将其放大，如要观其全貌就将其缩小，不能简单地以物体大小去评判事物的优劣。无论是大或小只要恰如其分就好，一味地追求缩小就会限于琐屑，一味地主张放大又难免流于张狂，应缩小中有放大、放大中有缩小，既开展又紧凑。

太极拳是整体性运动，整个人体结构的任何部分，不论其动作大小都不可缺少，缺少了任何一点都会影响到整体，好比自然界中的有机物体，砍掉它的任何一小部分，便成为畸形。太极拳在外形动作上要求有大也有小，手臂随着腰轴左右、上下、前后的转动，好比地球环绕太阳转，为公转，其动作的幅度较大；手臂的内旋和外旋是螺旋式阴阳互变，好比地球的自转，往复折叠、展指凸掌，其动作幅度较小。外形动作是由大练到小，即由大圈练到小圈，也是从生疏到熟练的演变过程；内形的意气运行是由小炼到大，即是由局部到全体，从丹田内转到气血周流全身的过程。《太极拳谱》云："行气如九曲珠，无微不到。"就是指内气的运行有大有小，"九曲珠"形容行气路线的曲折迂回又漫长，古人以"九"表现为大；"无微不到"是指全身每一处末梢神经与细小部位都能以气血贯注，"微"即是微小的表现。太极拳锻炼时所有动作均应大中有小，小中有大，大小相形，连绵不断。但必须掌握一个度，这个度就是"无过不及"，大与小或开展与紧凑也必须适度。动作开展就不能无边无际，动作紧凑也不能收缩到极限，手臂必须是曲蓄而有余，处处保持圆满，处处留有余地，保持中庸之道。太极拳锻炼中，太极的"其大无外"指的是练拳时的宽广胸怀，天时、地利、人和三者合一，其运动法则符合宇宙的运动规律；太极的"其小无内"是指练拳时阴阳虚实的互动，阴阳虚实无处不在，包括全身内外上下的细微之处，均应一动无有不动。





太极拳锻炼是要在开展与紧凑、放大与缩小之间寻求恰当的分寸，将大与小完美地结合在整个拳势之中，做到大中有小，开展中有紧凑；小中有大，紧凑中有开展。处理好大与小或开展与紧凑之间的关系，可以从两方面着手：一是大小相形，锻炼中既要开展又要紧凑，让大圈与小圈巧妙地结合，有了外形的大就体现出内形的小，有了外形的小便体现出内形的大；二是以小见大，从大圈练到小圈乃至无圈，也是先求开展，后求紧凑，小就是精炼，动作虽小而威力无穷。正确处理好大与小的关系，也是练好太极拳的关键之一。动作该开展的时候就要放开，拳势中的细微之处不可省略，此乃大中有小。动作应紧凑时就须缩小，拳势中的腾挪闪展之处同样不可少，此乃小中有大。

太极拳劲力发放时的要求是"动贵短，劲贵长，意贵远"，对动作、内劲、意念都有长短与远近的合理安排。外形动作的短促并非是不动，动短是紧凑，意远是开展，体现为小中有大与以小见大。一般来说，在独自锻炼时动作幅度尽量放大，架子适当放低。在与人交手时动作幅度就不宜过大，架子也不宜太低，大有大的好处，小有小的优点。能否以小见大，取决于练拳者是否具有包容天地之胸怀，只有对拳术有敏锐观察力的人，才能从某些细小之处去发现，在细小中却蕴含强大的力量。

有些事物从表面看去是微不足道的，而对社会对人类所产生的影响却是巨大的，看似极其细微的东西，而其所起的作用却并不小，有时可能超出其本身价值许多倍。社会的发展规律、生活和运动中的哲理，以及时代精神，往往会以不同的方式蕴藏在形形色色的生活现象之中。太极拳只是一项武术与健身锻炼的体育运动，在包罗万象的人类社会中是非常渺小的，但从太极文化所涉及的诸多方面来说，其内涵又是非常深远的。学练太极拳不只是为了健体强身、祛病延年，更重要的是了解太极拳并传播太极文化，继承与发扬中华民族优良的文明道德观念及为人处世的哲学思想。太极拳锻炼能充实人们的生活，提高学习和工作的效率，修身养性，陶冶情操，淡化世俗，参悟人生。







## 有我与无我

有我与无我的"我"字，所指的是一种自我意识，它集中反映了自己与环境的关系。一个人自我意识的获得，一般来说有两种方式，一种是自己对事物的主观体察，即通过对自身的动作、行为、语言及身体状态的内省与体验来了解自我；一种是来自对客观事物的考察，即通过自己与自然界、社会及他人的接触关系来了解自我。比如：通过天气变冷变热时的忍受程度，便可了解自己体质的强弱；能成功地组织一项集体性活动，就可了解自己有从事社会活动的才干；在处理各种事务中得到别人的赞扬，便能了解到自身的一些优点；而听到别人的批评或议论，可以了解自己的不足。这种在主观上的内省必然与客观上的考察相结合，才使人类形成了鲜明的自我意识。人有了这种自我意识，才能根据客观环境和自己的主观条件提出调整自己和改善环境的方案并付诸行动。自我意识反映了主体与客体的关系，能贯穿于人的各项行为、活动之中，也包括在太极拳锻炼之中。

太极拳锻炼也是一项意识运动，锻炼的主体是人，意识不可能脱离主体而存在，因此，运动的本质是有我的。无论是在聚精会神练拳时的忘我瞬间，抑或推手锻炼中的舍己从人，在整个运动中都有“自我”的存在。运动中的主体是“自我”，这一主体贯穿于整个锻炼的全过程，哪怕是一举手一抬腿、一个眼神或一丝气息，都脱离不开“自我”这一运动主体。太极拳所有动作的传达中也渗透着主体的自我意识，练拳越到成熟阶段在运动中渗透的自我意识越强烈，因此，每个人所练的拳架动作都离不开“自我”，整个运动中都渗入了自己独有的个性特征，即所谓我行我素的“我有我法”。即使在同一门派或同一拳势的太极拳锻炼中，不同人的风格和特色也不同。就以杨式传统太极拳的传承人来说，且莫说第四、第五代传人的拳架风格迥异，即便是杨家第一、第二、第三代亲属传人的拳架风格也各不相同。拳架风格体现了拳者的性格特征，拳架中有运动主体的“自我”存在，所以就不能片面地去评判拳者的对错与强弱。每个人的身体条件和精神状态均有不同，对拳架动作与气势显露也不可能完全相同，太极拳锻炼应体现出练拳主体的精神面貌，有了自我的神意才能显示自我的形貌，才能称形神合一。

有些人片面地模仿杨澄甫宗师的拳照，自以为功夫很好，其实这仅限于形似。尽管在外形招式方面学得很相似，但在内形功夫及神意气势上却毫无相似之处。练拳失去了自我就不属于自己的拳架。在推手盘圈时同样可感觉出每个人都各有各的韵味，无论盘圈的方法还是动作圆活、刚柔、轻重方面都各不相同，说明推手中同样存在着主体的自我特色。发劲功夫也是这样，各人都有各自的特点。杨露禅发劲虚无且奇妙，杨班侯发劲如晴空霹雳，杨健侯发劲轻描淡写，杨澄甫发劲如电击般弹出，武汇川发劲松柔弹射，李雅轩发劲冷打快闪。对初练太极拳的人来说，平时所听到老师或拳友对拳理拳法的论述或通过模仿学会的套路动作都是别人的，只有在深刻领会后融入了自我，才能逐渐演变为属于自己的。“我有我法”不仅存在于太极拳锻炼中，人们在生活中的一切行为活动都渗透着自我，久而久之便成为一种习惯，这种习惯就是各人的生活特点。例如对你非常熟悉的亲戚朋友，虽然尚未见人，只要听到走路的脚步声，或者听到其说话声，你就能知道是谁来了。练拳也如此，越是对所从事的活动有卓越成就者，在活动中就越能展现其个性特征，就越有鲜明的自我形象，这都是“有我”的表现。

所谓“无我”，并不是说在活动中没有了主体，也不是强行取消主体在活动中展现的个性，而是指在运动过程的某个瞬间主体自我意识消失，练拳者在锻炼中忘却自己的存在，是一种“忘我”的心理状态。忘掉自己的存在，忘掉人生的利害，只有忘掉自己才能找回自己，无我才是真我，无我才能自然自在，不要无限地壮大自己或突显自己，最大的祸害便是自我膨胀，因为自己太大了而天地就变得小了，只有虚空妙用才能获益无穷。在工作和学习中要有一种忘我精神，就是忘记了自己而全心全意地投入工作和学习中，才能高效地工作和学习。学练太极拳也是要提倡这种精神才能做到认真。

主体在运动中的自我忘却一般来说是暂时的，要实现忘却自我，一种是强制性地刻意去忘却自我，另一种是随意性地在无意识情况下忘却自我。初学太极拳时为了专心和认真学练，就必须刻意地将思想集中在动作上，强制自己将与练拳无关的一切事务暂时都置之脑后，为了学好拳架这是必要的。在做预备式时，必须刻意地迫使自己静下心来，强制性地忘我才能逐渐进入无极状态。随着拳势运动的开始便逐渐进入无意识状态，即将自我融入拳势的动静、虚实、提放、开合之中，完全丢掉自我，更不觉得自己在练拳，这便进入无我无为的状态。在这种状态中，会下意识地映现自身已融于外界某种景物，故在脑海里就会产生各种意象，有如大海的涌浪，有如滚动的气球，有如天空飘浮的云彩，都随着意象的运动而动。只有在随意性地忘我后，才能将自己与大自然融为一体，所谓“拳无拳，意无意，无意之中有真意”。有一位拳友说得好：练太极功夫，就是把自己练没了，让别人摸不到你，也就拿你没办法了。人最大的祸害就是放大自己，自己放大了，天地就变得渺小了。无我才是有真我，无我才能自由自在，虚空缥缈，得以无穷。只有忘掉自己，才能找回自己。

从辩证观点讲，"没了"的另一面就是"有了"，从"有我"练到"无我"是从生疏到熟练的过程，太极拳锻炼到功成阶段必须要忘掉自己，许多练拳者都深谙此中道理，不能忘掉自己是不可能达到太极拳较高境界的。忘却自我或忘我忘物，是无我无为的体现，"无为"也不是不去做，而是做了就能"放下"。练拳中的这种状态是运动主体与大自然接触间摆脱了自我的羁绊，让心灵自由地驰骋，与自然界交融在一起，进入物我两忘的世界。清代有一位画家在他所画的一幅《春江图》上题了一首诗："吾写此纸时，心入春江水，江花随吾开，江水随吾起。"说明他在画此图时是进入"无我"的境界，似乎将自己与江水融为一体，已分不清何者是我、何者是江，所谓"心凝神释，与万化冥合"。

太极拳锻炼中的"有我"，并非是在练拳过程中时刻固守着自我，如果一直围绕着自我的小圈圈转的人，只考虑到自己的"小我"，而丢弃了太极的"大我"，是肯定达不到较高练拳境界的。反之，一旦能从自我的小天地中走出来，在主观世界和客观世界的美妙邂逅中暂时忘却了自我，往往就会给你带来新的发现和收获。"有我"与"无我"既是对立的，又是统一的，实际上两者是相互渗透，又相互补充。所谓"有我"即为运动的主体，练拳时的外形动作和意气运行均是由主观意向所驱使，但所能驱使的拳架动作和意气运行是由前辈们一代代传承下的基本框架，这就已包含客观成分了。所谓"无我"也不是说主体对所练的拳架动作等都是纯客观的，因为其中已渗透着练拳者的自我特征，即使是在暂时丢失自我意识的一刻，从外界所捕捉到的意象与感知中，仍然离不开练拳者的个性化成分。"有我"是体现练拳中真实的自我，才能在运动中显现出鲜明的个性；"无我"是不受自我的拘囿，才能将身心投向广阔天地自由驰骋。所以在太极拳锻炼过程中既是"有我"，又是"无我"，如何巧妙地将两者相互结合，从"有我"练到"无我"，在"无我”中透着“有我”。从主客体关系讲，体现为主观与客观、有我与无我的对立统一。

## 有限与无限

太极拳锻炼中的有限与无限也应该是一种辩证关系，它既是有限的，又是无限的，以有限寓于无限，以无限包容有限，即所谓“以少总多”。“少”是指有限的拳架动作，“多”是指无穷的内涵，“总”就是统率和概括的意思。太极拳的拳架动作及其传统的锻炼内容包括技法中的掤、捋、挤、按、采、挒、肘、靠八法和进、退、顾、盼、定五法为十三势，均属于有限的范围。无论是杨式、陈式、吴式、武式、孙式或其他流派，所能锻炼的内容都是有限的。太极拳之理包容着天地万物的无穷变化，体现着中华武术的精华与数千年的龙文化，又与哲学、医学、养生学、力学、美学等融为一体，所以其内涵是无限的。无限又指从走架到推手、从推手到器械的锻炼过程中，十三势又有着变化万千的妙法，有着让人味之不尽的快乐和想象。无限的内涵又必须通过有限的拳架动作与技法才得以表现，有限的拳架拳法只有包含着无限的内涵才能获得生命。

任何一种拳术都是有限的，除了拳术的动作内容有限，还涉及运动主体的练拳人，练拳者总是生活在一定的地域和一定的时代，他的思想意识、情感和想象都会受到特定时空的条件限制。太极拳也必然受到锻炼时间长短、动作数量等因素的制约，任何人都只能运用某种形式，在一定的时点内，从某一视角，在局部的客观世界中去表现自己的主观世界。如要求在一套拳架锻炼中涵盖太极拳的全部意义，那是绝对不可能的，就如在某一个招式中要表现出十三总势来，当然也是不可能办到的，这就显示出太极拳锻炼中的有限性。拳架套路只是太极拳锻炼内容的一部分，拳架练得再好也不能代表已掌握了全部，外形动作再漂亮也并不能代表拳就练得好。有些拳家在理论方面可以谈得头头是道，而在实践方面却不尽人意；有些拳家攻防技击及内劲发放功夫了得，但就是谈不出道理来，说明练拳者个人是有局限性的。一个人的生命是短促的,几十年的岁月只是弹指一挥间,对世界及工作、学习、生活、社交等一切活动,甚至是太极拳锻炼的实践与理论研究,都是有限的。

太极拳属于中华武术宝库中的璀璨明珠之一,汲取了许多拳术的精髓而创建了属于自己的独有特色。拳术,均有发展的广泛性,也有锻炼的局限性。功夫是无限的,任何拳术都能出真功夫,关键在于勤练、苦练加钻研。功夫不是靠吹嘘得来的,也不是看一些秘籍就能出功夫。杨露禅被称为“杨无敌”,但他从未认为自己无敌于天下,活到老就要学到老、练到老。人生是有限的,功夫是无限的,太极拳也是学无止境的,功夫是练无止境的,所谓“山外青山楼外楼,强中自有强中手”。

从一般人的心理现象来说,有些表面的现象与事实并不相符。按功夫论,善于吹嘘者并无多大功夫,有真实功夫者处处小心谨慎;按学识论,不学无术者总是夸夸其谈,知识渊博者却很谦虚;按贫富论,没钱的人像有钱的一样装富,有钱的人像没钱的一样装穷。有限与无限是相对而言,在有限中寓有无限,关键在于“以少总多”,说话与做文章也讲究“言有尽而意无穷”,善于表达者只用寥寥数语就可说出意味深长的道理,不善表达者就算说上半天也什么道理没说出来。人的生命是有限的,而在有限的人生中同样蕴藏着无限的精神力量,有些人能为社会的发展和人类的进步做出贡献,得到世世代代人民的敬仰;而那些残害人民、阻碍社会的发展,定会遭到后人世代的谩骂。一个人在世时的一切行为,无论是做好事还是做坏事都是有限的,但所留给后人的影响却是无限的,当仁者千古传颂,施暴者遗臭万年,这便是有限中寓有无限。

太极拳的外形动作是有限的,而内形的精、气、神以及气血运行的阴阳循环是无限的;十三总势是有限的,而拳法的变化万千却是无限的;锻炼内容包括走架、推手、刀、枪、剑、杆,也是有限的,但其拳理的内涵却博大精深,是无限的。太极拳锻炼就是在有限中寓以无限,如要了解一个人的拳艺水平,也不需要看整套拳架的演练过程,只需在一招一式的动作中就能纵观其全貌,便是“以少总多”,从有限到无限。有一些人推手时,不讲盘圈，仅两人扭顶在一起各不相让，更不讲究掤、捋、挤、按的基本推手方法，以将对方推出推倒来论推手水平的高低。富有修养的高水平的拳者来做推手，整个过程轻松自然，悠闲恬淡，谦虚谨慎地盘上几圈即握手停下，水平高低交手两人都已心中有数，即所谓“行家一搭手，便知有没有”，这也说明在有限中寓以无限的道理。推手是太极拳的锻炼内容之一，并不是争高低、决胜负，单人走架要求懂得自身劲力的运行规律，双人推手要求懂得他人劲力的变化情况，这是求懂劲阶段的两项必备的锻炼内容。太极拳锻炼的关键在于如何练好有限的部分，在有限的锻炼中渐渐融入大自然的无限能量之中，并了解社会与人性的本质，待真止有了独特的发现，才能跨越时空，显示其生命力的无穷。

太极拳是中华武术的一朵奇葩，是一朵亭亭玉立、含苞欲放的鲜花，练拳者可以想象她盛开后的婀娜多姿；如果只是一株干枯叶落的残花，又怎能让练拳者引出美好的联想，如此的残花也就无人欣赏了。太极拳的无限性，不仅表现在特定时空下个人的锻炼记录，还表现在它是一种行为认知与思想感情，是有着一定的普遍性和永恒性，并可以在不同地域、不同时代的人们心中复现而引起共鸣。在有限的锻炼中引导练拳者去想象、去推断，从而再创造出适应自身的全新境界。锻炼中的再创造会融入练拳者自身的生活积累，因而各人所想象出的情景模式都不尽相同，呈现的意象与感觉也会出现多样性与无限性。

## 真假与美丑

真、善、美与假、恶、丑这些都是针锋相对的概念，一般来说这些相对概念似乎都是水火不相容的，然而客观的实际生活告诉我们，有时候它们的的确确是能统一到某件事物之中。许多本质美好的东西，有时它们的外表不一定全是美的；而有不少本质丑恶的东西，它们的外表并不一定是丑的。有些外表看似逼真的东西，经过仔细验证却是假的，这是以假乱真；有些东西表面看似很假，经过检验却是真。在大千世界中想要认识某一事物，如果不从现象深入本质、由形式深入内容、由表及里、去伪存真地深入认识，那就会闹出许多笑话来。

就以太极拳来说，有人认为只有代代相传的传统拳术，并具有攻防技击作用，又结合内形的神、意、气血，这才是真正的太极拳。他们认为社会大众所练的拳操活动，随着音乐节奏翩翩起舞，缺乏技击含义与内形神、意、气的配合，并非是真正的太极拳，称其为“假太极”，因此提出对太极拳也要“打假”的说法。被称作“假太极”的拳操活动，虽缺少了拳术的技击内涵，但拳操是国家推广和普及的有利于全民健身的活动，其拳架也完全来自太极拳的动作，也能起到健体强身的养生作用，岂能说它是“假太极”。拳操是拳术的初级阶段，只是在锻炼层次上有高低和深浅之分，说它是“假”未免欠妥，“打假”更是无稽之谈。真与假、美与丑、善与恶都是相对而言，假中会有真的一面，真中也有假的一面；美丽的面孔下也许隐藏着丑陋的内在，丑陋的面孔下也许有美好的期许；和善的眼神里也许暗藏着邪恶的念头，邪恶的眼神里也许封藏着被压制的善意。

有人将自己练的太极拳奉为“真太极”，却提倡练拳要自始至终“拎腰、挺腰”，杨澄甫太师父提出的是“松腰”，而史上从未记载有哪位大师提出过“挺腰”之说，所以对这位“真太极”大师所传之拳术便产生了疑问。又有人写了《太极拳释真》一书，书中指出练拳要松而散之，站桩有悖于练拳，内气会散放至体外变成三道气圈等，把内劲与技法混为一谈，对“行气如九曲珠”的行气方式与“九节劲节节走螺旋”的运劲方式也混淆不清，这是对太极拳“释真”还是“释假”值得探讨。当然一切事情都不可能十全十美，人无完人，法无常法，一切都在变化之中，说错了也不要紧，可以相互探讨学习。

说到太极拳的真假，即便是正宗的传统拳家有时也会“弄假”。我曾在视频上看到某位大师以一人之力可敌数十人前推之合力，这数十人前后排成一长队，后人之手搭在前人背上依次向前推。从力学上讲，因后人之力只能传递在前人身上，各人用力的方向均向前，只要大师稍作应变，众人岂有不倒之理？这仅是一种游戏，谁都会做。另有某位女大师能在嬉笑之中，随意地拨弄几下手指，其弟子便会向后跳跃不停，并扭扭摆摆牵强地跌倒在地，明眼人一看便知是假的。难道学练太极拳就是弄虚作假吗？真让人啼笑皆非！所谓太极功夫应是实实在在的，不应该故弄玄虚骗己骗人。据传杨式二代传人杨健侯前辈能将飞燕抄在手掌，运用轻灵的化劲功夫使燕子无法起飞。因此也有人玩起了所谓的“鸽不飞”游戏，将鸽子放在手掌而不飞，以显示其具有与前辈一样的化劲功夫。可知燕子和鸽子是两种不同的禽鸟，燕子为野生，身轻而善飞，且不易近人；鸽子属于家养，体重而不避人，即便是从未练过太极拳的人，也能将鸽子捧在手掌而不飞，须将鸽子向空中抛出才能飞走。

记得有一位作家写过一篇《丑石》的散文：一块又丑又怪的石头，在荒芜杂草丛生的污泥里已躺了几百年，身上全部锈上了黑斑和青苔，形状十分难看，过路者谁也不会去理会它，甚至咒骂它、嫌弃它。然而突然有一位天文学家路过时发现了它，指明了是从天上掉下来的一块陨石，这就变成很了不起的东西，从此人们又重新去认识它和仔细地观察它。“丑石”的外表的确很丑，然而由于它特殊的经历和意义，其本质却有着无限美好的素质，由“丑石”变为“宝石”。当人们尚未认识某些事物的内在本质时，往往容易被其外表的假象所迷惑，看不清它存在的价值；但当经过去伪存真和由表及里的认识过程，便看清了其内在本质，也就发现了它存在的真正价值。

太极拳也曾经如“丑石”那样，在人们尚未完全认识它时，总以为是老头老太们的玩意儿，年轻人对它不屑一顾；一旦认识其美好的内在本质，也就知道了太极拳对人生及健康的价值，这些年轻人也会寻师访友忙里偷闲参加锻炼。尤其是当今的白领阶层，由于工作辛苦而紧张，很多人身心疲惫，处于亚健康状态，迫切需要太极拳运动来释放紧张情绪，修复身心。但有些人以传授太极拳的名义来实现商业行为，有的甚至将传统的拳架胡编乱造、零敲碎打。传播太极文化和商业买卖是完全不同的两回事，花钱买来的不一定是真、善、美，不花钱的也并不等于就是假、丑、恶，一所武馆气派十足未必能传授真正的太极功夫，民间武师不讲气派有可能会传授真实功夫，华丽与朴实之间也是一种辩证关系。在某种情况下华丽也是必要的，爱美之心人皆有之。拳架标准，动作柔和，姿势优美，也是太极拳不可缺少的一部分，但不应该看作是绝对的，更重要的不能忽略了真正的太极内涵，而片面地去追求外形的美。有些人的外形拳架虽很漂亮，但拳势中缺少了内涵，也就没有了灵魂，多看就乏味；反之，外形拳架并不耀眼，而内藏着丰富的内涵，就使人越看越有韵味。现代人更倾向于朴实，朴实不尚雕饰，弃绝浮华，所谓“清水出芙蓉，天然去雕饰”。老子说：“信言不美，美言不信。”华丽来自朴实，朴实就是返璞归真，太极拳锻炼所要追求的也就是朴实无华。

# 太极拳锻炼中的心理因素

大家都知道，心理学是研究人类心理活动规律的科学，心理因素是一个人在现实生活中对客观事物的主观反映，也是大脑皮质特殊反映的功能活动。它不是一个独立的实体，而是事物演化的过程，心理因素是由思维、意识、感觉、知觉、感情等组合而成，带有个性化的特征，是一个有组织整合的动态系统。太极拳锻炼离不开好心情、兴趣和爱好、行为意识等心理活动，练拳“用意不用力”的要求当然包含了哲学理念，从而证明了太极拳运动中心理因素的重要性。因此，太极拳锻炼也不失为心理学的研究对象。

## 环境条件需适宜

人们从事任何活动都不是在真空中进行的，既需要具备一定的外部条件，又需要有一定的内部条件，这种活动的空间概念也称为一种心理场。外部条件包括自然条件、活动场所、周边环境等，这是确保活动能顺利如愿进行的基础。外部环境是围绕着人的一切外在条件的总和，环境与人是相互依存的，人的活动及生活总要处在一定的环境之中，不可能脱离环境而存在。内部条件包括自我的兴趣爱好、生活经验、文化修养、情绪心境等，这也是运动效果好坏的关键。若要获得良好的活动效果，对情绪心境的调整就更为重要，人在现实生活中情绪和心境是不断变化的，只有在适当的心境条件下才能使各种活动得以顺利进行。

太极拳需要在一定的环境中进行锻炼，环境离不开人的活动，人的活动也离不开环境。太极拳锻炼必须选择较为适宜的外环境，以便带来一种良好的锻炼氛围，形成一种适宜练拳的心理场。所谓的“场”，就是物质存在的基本形态之一，任何事物的存在都表现为一定的场，事物之间能量的转化、信息的交流和活动的开展，都是在一定的场中才得以实现。心理场是由自我与环境两种基本因素组合而成，是客观环境作用于主体以后，主体通过外部刺激的同化与顺应，实现了主客体动态的对应与平衡。一定的自然环境会诱发一定的心理场，心理场的形成是受外部环境制约的，所谓“人心之动，物使之然”，这里说的“物”，便是外部环境与自然风物的总称。太极拳是用意念带领全身内外的特殊性运动，对身躯和四肢的活动及意气的运行也必然在一定的场中实现，外部环境的好坏都会影响到锻炼的质量和效果。外部环境的影响包括自然的和人为的两大类，自然环境包括风、雨、雾、雪等气候条件和场地及周边环境，不良的人为环境的影响如人多嘈杂、车来车往之处，或者旁边响着高音喇叭、跳着迪斯科等，都会给锻炼带来干扰。

太极拳锻炼的场所最好选在空气清新、环境安静、舒适宽敞的大自然之中。环境安静能使心神和性情安宁，练拳须外动而内静，即形动而神静，形需常动，神需常静。所谓“夫静者，静其性也，性能虚静，尘念不生，则真机自动。动者非心动，是气之动也。气机既发动，则当以静应之”。动是绝对的，静是相对的，在相对的静中总是蕴含着绝对的动，在绝对的动中也一直蕴含着相对的静。以人体之动融入大自然的静，以大自然之静显示人体的动，“天下之万理，出于一动一静”。

大自然既能为人类的生存提供物质资源，也能启迪人类的智慧，开拓人类的胸怀，熏陶人类的情感，在大自然的舒适环境中练拳，便能将自身融于其中，让运动的节律与大自然的“脉搏”相结合，达到太极拳锻炼的理想环境状态。

## 心理准备应充分

为了要创造适宜的氛围，需要做相应的心理准备。古人对此相当重视，每做一件重要事情之前都要有严肃认真的仪式。

例如，古人在奏乐前，常常先行沐浴更衣、焚香斋戒，以虔诚崇敬的心情对待。不要只将这看作是单纯的礼仪形式，其实是为了创造一种氛围，彰显对现实生活有某种超脱感，在这种氛围中自然生发强烈的心理期待。太极拳习练者在预备式的无极状态下，应将气息调理好、心情调整好，不要草草起练，静静地做好练拳的充分准备，这也是一种心理定势。练拳前的心理调整是必要的，用以形成一种对锻炼的心理定势。在调整心理定势的过程中，注入了相关的经验积累和实时的认知信息。心理定势就是指练拳前的心理准备状态，包括感知、想象、思维等心理活动，也包括对外部能施加影响的所有活动。心理定势对太极拳锻炼很重要，它会直接影响到练拳效果。心理定势也是在“模式”识别过程中产生的，在太极拳锻炼范畴内，“模式”所指向的是动作和理论信息的识别和储存。所谓“模式”无非指来自两种不同形式的信息，一类是正在实时接收的杨式传统太极拳的感知信息，另一类是有关太极拳的长期记忆中的储存信息。这两类信息相互补充和加工，就构成了心理定势的基础。因此，人们由于经验、知识、阅历和身体状况等不同，会形成各种不同的心理定势，所产生的影响也具备了积极作用与消极影响的两重性。

心理定势也是心理期待，它有积极的一面，也有消极的一面。例如，一些拳操活动者，有所期待地在音乐中随着节奏练拳，一旦没有了音乐拳也练不下去了。《韩非子》“守株待兔”的寓言故事说道，一个人某天见到一只兔子撞在树桩上死了，他便每天守候在树旁等待，希望再有兔子会来撞树，这就是一种心理期待，即心理定势。心理定势的消极影响主要表现在对大脑思维的限制作用，只往一个简单的方向前进就限制了朝其他方向去考虑，从而影响了问题的解决。其他还有个人品位、兴趣、情绪、心境等，都会给心理定势造成影响。另有所谓的“光环作用”和“遵从倾向”，也是一种心理定势作用。例如对某些名人名师产生迷恋，被他们头上的“光环”晃得眼花缭乱，即使名师的言行与拳理不合，也照样奉为至宝，只认名师不认理，这就成了失去自我的消极心理定势。“遵从倾向”是个体受名家或社会群体活动的诱导，缺乏独立思考而随大流，甚至对某些方面感到还处在模糊之中也依然盲目地遵照习惯去做，也是一种丧失独立思考的消极心理定势。

太极拳是个人的锻炼，每个人由于各方面条件的不同，其锻炼成果和心得体会都不可能相同，别人的体会和感觉可以作为参考，但不等于是自己的，只有通过实践后切身体会到且经过思维所感知的，才真正属于自己。心理定势的消极影响是太极拳锻炼中的一大障碍，必须设法克服，首先要有独立思考的精神，冲破“光环”的笼罩，消除群体压力，不要随波逐流、人云亦云，一定要用科学的标准去衡量一切，必须符合阴阳变化原理和辩证关系。

还有更重要的一点，那就是练拳者的心境，因为外部环境的好坏最终还是要转化为心境，心境的好坏直接影响锻炼的效果，不好的心境甚至会使锻炼中断。心境对锻炼有消极的一面，也有积极的一面，所以在太极拳锻炼前主要的心理准备之一就是心境的调节，心境调节重要的一点是静心。《吕氏春秋》说：“耳之情欲声，心不乐，五音在前弗听。目之情欲色，心不乐，五色在前弗视。”欲达到静心，首先要将自己暂时地从物质世界中摆脱出来，让现实生活中的一切都变得无足轻重，脑海中产生一种与世隔绝的感觉。静心之下才能将注意力集中到有关练拳的主题上来，注意力的保持还应靠意志的努力，有时在锻炼过程中受到外界的干扰，或者自己思想开小差走了神，对正在进行的动作感到手足无措，就应立即定下神来回归到运动的主题。所以要尽量避开对练拳有干扰的事物，如无关的视觉刺激和听觉刺激，尽量做到视而不见、听而不闻，要具有知足常乐的恬淡心境，自始至终能保持良好的心境和专一的注意力，才是练好太极拳的根本保证。





## 认真和理解是关键

学练太极拳就要认真，其实做一切事情都讲认真，尤其是太极拳的理法凝聚着数千年的文化精髓，需要认真学习和钻研。认真是做一切事情的基本要求，学练太极拳也是如此，不学则已，要学就必须认真地学、认真地练，无论走架或推手都离不开“认真”二字。认真就要用心，只要用心什么事都能做好，用心是困难的克星，俗话说“天下无难事，只怕有心人”。王宗岳的《打手歌》云：“掤捋挤按须认真，上下相随人难进。任他巨力来打我，牵动四两拨千斤。引进落空合即出，粘连粘随不丢顶。”歌诀的第一句就是“须认真”，说明“认真”对太极拳的重要性。认真又和理解是分不开的，在理解的基础上才能认真地去做，要深入地理解一件事情，又必须认真地用心对待。要认真练拳，也要认真推手，先要理解掤、捋、挤、按四正手所组成的圆圈动作，如果对掤、捋、挤、按的道理都不了解又如何能做到认真？在学练太极拳的拳架动作时，首先要有一定的模仿能力，模仿是拳架动作学习的一种重要形式，人们为了要掌握某种技能，必然要先模仿别人的操作，然后才能转变为自己的技能。对太极拳初学者来说，对动作的模仿也很重要，虽然是看着别人的动作依样画葫芦，但也必须认真对待，不认真又怎能画出像样的葫芦来？在模仿中可直接汲取别人的经验来充实自己，也可以对动作要领和拳理、拳法有个初步的了解。

在早期的社会心理学中，模仿被看作是人类普遍的本能，用来解释大部分的社会行为；在发展心理学中，模仿被视为仿效先进的榜样，作为发展创造力的基础。学练太极拳除了模仿动作外，还要知道两手动作的含意是什么。要理解动作的用意，就要认真地听老师讲解，认真地提出问题，认真地牢记在心里，再就是要认真地按照动作的用意去练习。反之，如果只是一味地手舞足蹈跟学，不知其动作的所以然，又怎能做到认真和理解。认真的拳友不但学拳认真，还能不断地提出问题，不断地做笔记，并在练拳中去体会、去深入理解。学习分两种，“我要学”和“要我学”：“我要学”是主观愿望；“要我学”是客观愿望，难免会马虎对待。功夫不负有心人，除了勤奋又必须做到认真和理解，才是练好太极拳的关键。

学练拳架动作要认真，对于太极拳理论的学习和研究更要认真，只有认真了才能有深入的理解，只有在理解的基础上才能练出太极拳的韵味。一些经典的理论著作和拳理拳法，文字精练、含义深奥，应反复阅读学习，逐步理解。所谓“旧书不厌百回读，熟读深思子自知”，有关太极拳的经典作品确实需要几十遍甚至几百遍地反复阅读，将其文字内容铭刻在心，一字一句地细心琢磨，自会体会出深刻的含义。反复阅读后，每次都能获得一些新的认识，触发一些新的联想，从而对钻研由不自觉转变为自觉。

太极拳不是一学就会、一眼见底的简单运动，它像中国古代的深宅大院，进了一道门又有一道门，穿过一座院又是一座院；又像一座宝塔，登上了一层又需登二层、三层、四层、五层……无论是在平面展开的深宅大院，还是向高空展开的玲珑宝塔，都有其一定的深度和高度，又富有一定的弹性，应反复地去探寻、去追求。通过对太极拳的学练和理解，能使所有动作和拳理、拳法都沉淀在大脑思维之中，逐渐去品味出太极拳的科学真谛，懂得其阴阳互动之原理，才能深入地挖掘、继承和发展。

理解也是多层次的，对太极拳的理解过程，一般可分为前提性理解、表层理解和深层理解。前提性理解是表层理解和深层理解的前提条件，这一过程主要是了解太极拳的技术难度、功效，以及对自己能否适宜。表层理解是在前提性理解的基础上，进一步熟悉拳架动作的含义、动作要领，以及对拳理、拳法有初步的认识。表层理解是从不懂到懂，从不会到会，从外形转入内形，从基础锻炼到开始求懂劲的过程。深层理解就是精耕细作地研究和探索太极文化的丰富内涵，了解并掌握其运动规律及人与自然的关系，在对太极拳充分理解的基础上，增强了锻炼的信心、决心和恒心，需勤学苦练才能不断提高技艺水平。深层理解是从求懂劲开始由浅入深地追根究底，在一字一句细心推敲和品味的基础上才能达到对太极拳道理的深层理解。

无论是前提性理解还是表层理解或深层理解，必须掌握事物发生的真实性与正确性，在真实和正确的轨道上逐步深入，一定要区分真实与虚假，正确与谬误，否则会越走越远就会以讹传讹。例如《太极拳谱》中有“行气如九曲珠”之说，指内气在体内的运行好比九曲珠那样迂回曲折，而有人却在人体各关节部位画上九颗珠来说明行气的九曲珠途径，这显然是对读者的一种误导。杨澄甫的《太极拳十要》说：“盖人身之有经络，如地之沟洫，沟洫不塞而水行，经络不闭则气通。”所以“行气如九曲珠，无微不到”是气血运行于经络的过程，并非指全身的关节部位。人体经络犹如一张网络布满全身，内连接脏腑器官，外通达骨肉皮毛，行气路线错综复杂才如九曲珠。《易经》中以阳爻称为九，古人以九泛指最高最大和多数，如九五之尊、九天玄女等。再如太极拳的“外三合”应是指肩与胯合、肘与膝合、手与脚合，是手臂与腿脚的上下三合，才称为外形的三合。而有人却在这传统理念上硬增加了膝与脚合，所谓创新性地提出“外四合”。膝与脚本就相连，膝与脚尖理应要求对齐才能使脚掌平稳，脚掌平稳才能脚下有根，牵强地凑上这一合为“外四合”，这才是画蛇添足。不断地正确理解、认真钻研才能学好太极拳。

## 意志与兴趣

意志是人类所特有的心理现象，是从内部所能意识到的事实情况向外部动作转化的过程，也是人类主观意识能动性的突发表现。意志是在对某一事物认识的前提下，表现在有意识和有计划目标的实际行动之中，是严格按照客观规律所采取的行动，并能克服种种困难去实现目标，这就是人的意志。坚强的意志是不容置疑的，所谓“疑行无成，疑事无功”，太极拳锻炼必须具有坚强的运动意志。意志来源于认识，对大多数练拳者来说，都对太极拳健体强身和祛病延年的功能有所认识，所以都是在认识的基础上自觉地参加这一锻炼。对于未经认识或一无所知的情况，由于一种好奇心的驱使盲目地运动，这便是意志薄弱的基本原因，就不可能长久坚持锻炼。意志训练也是运动竞技的特点，是使练拳者拳艺水平快速增长的有效措施，对太极拳运动员的训练不仅包括身体条件、技艺水平、战略战术、理论知识，更重要的是心理素质的训练，意志训练就是心理素质的主要组成部分。培养自己意志品质的一般过程是养成一种对练拳的自觉性、果断性、顽强性，故有“夏练三伏，冬练三九”之说,如果锻炼的目的只是养生和陶冶性情,那就另当别论了。树立了运动意志才会有坚持锻炼的信心和决心,才会制定锻炼的计划目标,由简到繁及由浅入深地逐步前进,才会克服一切艰难困苦,百折不挠地追求既定目标,才会勤学苦练不断钻研理论,用心解决锻炼中的疑惑。要树立运动意志,还必须培养自己的运动兴趣,兴趣是支撑意志的有力保证,缺乏兴趣的意志是很难坚持到最后的。

所谓兴趣,便是力求认识与探究某种事物的因果,与之肯定的情绪状态相联系的意识倾向。兴趣又可分为直接兴趣和间接兴趣两大类,直接兴趣是由事物或运动自身所引起,而且运动主体往往是在无意之中表现出兴趣来。每当踏上公园绿地开始练拳,一股清新空气与草木花香的恬静环境首先会使心情非常舒畅,便增强了练拳的兴趣。特别是平时经常处在紧张工作和学习的人,对太极拳缓慢动作的绵绵不断,似若行云流水又悠闲自在,便将一切的紧张和烦恼都丢到九霄云外,从而对行拳走架的兴趣又提高了一层。在练拳深入后由于上下相随和内外相合,达到神形合一,一股暖流在全身荡漾,会感到无限舒畅,从此便再也离不开太极拳了,这都称为直接兴趣。例如观赏别人在练拳时专注的神情及其柔顺流畅的动作,难免也会引起自己的兴趣,心意也随之起伏。再如要理解和研究太极拳的理论,开始时会感到深奥难懂,尤其对前人的经典著作抱着挖掘和研究的态度去阅读,在逐渐明白和理解的基础上兴趣会愈发浓厚,这些都可称为间接兴趣。兴趣对太极拳锻炼的影响很大,它能促使练拳者克服各种困难从而坚持不懈地锻炼,还能唤起运动中应有的知觉表象,并进一步展开审美想象。太极拳深刻的内涵绝不是一下就能捕捉到的,需要认真研习和细细琢磨,兴趣才是为孜孜不倦的探究注入了永不枯竭的动力,哪怕再难解的问题,最终也会为找到它的答案而乐此不疲。

要培养良好的兴趣品质,首先要走出狭隘之门,并要注意到兴趣的宽广度,很多太极拳大师的兴趣是多样的、广博的,且无门户之见,拳与医学、绘画、琴棋、书法、文学等都能结缘。以拳而言各门各派都有各自的特色，相互多交流切磋能取人之长，也可补己之短。太极拳锻炼宜精而纯，应避免驳而杂，借鉴并非指对各式拳架都要学练，功成者在于精而不在于杂。练拳的主要目的是健体强身、延年益寿，其次是增长内劲、提高技艺，各式拳派就好比是各种交通工具，只要认真苦练和钻研，都能到达目的地。兴趣广泛并不是指对同一太极拳范畴内的各式拳派，而是指其他能与拳理拳法相辅而行的兴趣，有了相关兴趣的辅助，也就有利于练拳兴趣的提高。兴趣不宜偏狭，也不能自私，有些练拳者只看到自己的优处，却看不到别人的长处，总是自以为是，对其他拳派毫不足观，长此以往就会扭曲自己的心理结构，造成兴趣的畸形发展。对太极拳的系统锻炼内容来说，也不能偏爱其一，如拳架、推手、蓄发、散手及刀、剑、枪、杆都各有其不同的特点，便组成了一整套拳术，有志于此道者理应全面学练。兴趣的培养要广泛，但也不是漫无边际地平均分配，可以建立一项主要的中心兴趣，以其他兴趣为辅助，既有主又有辅。而能对某一拳派或某些拳家的细心研究和学习，是有助于深入了解其他拳派和拳家的特色，能博采众长而激起兴趣的广泛性。另外，还需注意兴趣的持久性，欲要系统地学好太极拳并在技艺上获得进展，并非一日之功，常见有些学习者，一时兴致来了就拼命狂练，经过一段日子后兴致便转移，练拳也就搁置一边了。也有些因工作及家务之故，烦忙时即停，悠闲时即练，三天打鱼两天晒网，如此怎能将拳练好？这都是缺乏恒心的表现，缺乏恒心做任何事都难于成功，不独是对太极拳锻炼。问题是如何合理地安排好一天的作息与练拳的时间，调整好自己的精力，再繁忙一日三餐也必不可少，如再加入太极拳理气补气的一餐又何尝不可。

意志需有兴趣的支撑，能使兴趣持久还需有一种能推动实现目标的行为动力，动机就是推动人体进行活动的原动力，也称动因。它起着激起、调节、维持、奋发和停止行为活动的作用，动机是外部世界的刺激与运动主体的心理和生理结构，在相互作用下而形成的一个心理动力系统。人类的行为动机是在需要的基础上产生，由认识状态和刺激变化之间相互影响所决定，动机对于太极拳锻炼有着相当重要的作用，人们的一切行动都是由动机引起，无论是有意识还是无意识的行为，只能是由某一动机而引发。在学练太极拳的人群中由于年龄大小、身体条件、文化层次、目的要求等情况的不同，练拳的动机也会截然不同。动机可分为两大类：一类是缺乏性动机，又称生存和安全动机；另一类是丰富性动机，又称满足和寻求刺激的动机。这两类动机相反又相成地统一在主体上，便引起不同性质的锻炼活动。动机不仅能唤起行动，而且还能赋予行动的具体内容，并趋向于预定目标，在动机的激励下，运动主体会沿着既定方向前进。动机不仅是行动的始发力，而且为行动提供源源不断的动力，当遇到锻炼的阻力时，动机又能起到一种调节作用，显现出克服困难的巨大勇气。所以说太极拳锻炼的坚强意志，是以兴趣为坚持锻炼的支撑，以动机为坚持锻炼的原动力，这三者之间是紧密关联的，是所有成功之人都必须具备的条件，也是练好太极拳的基本要素。

## 意念是灵魂

思想集中就是意念的专一，所谓拳意就要求在练拳时专心致志，防止杂念出现，因为人生的道路是曲折复杂的，人脑的储存器内有众多的信息资源随时会跳出。意念或意识都是人类大脑的功能活动，意念也是人类所特有的对客观事物的反映，意念与意识以及大脑的思维都属于人的心理活动。意念仅是属于思维活动中的理性认识阶段，而意识是属于由感性认识到理性认识阶段的全过程。思维是以感知为基础，但又往往会超越感知的界限，人的思维离不开社会，它是探索和发现事物内在本质联系的规律性，也是人类为积累知识的思考方法。意识是指人类所特有的心理反应的高级形式，唯有人类才能有个人自觉的意识活动，随着自然科学的不断发展和实践需要，意识问题更引起了各阶层的重视。

太极拳是以意念为主导的武术健体运动，被称为大脑皮层体操，无论是外形肢体动作还是内形气血运行，都需要在意念及意识引导下产生对某一事物的意象，于是对自己的行为动态便有了某种感觉。练拳者的走架过程在头脑中显现某个动作形象的同时，还要对动作的概念、要领以及自身的各种感觉反复思考，并进行自我调节或修正。有了运动意念，还必须对动作的含义和来龙去脉有正确的认识，由意念上升为意识，然后会有某种运动具象在脑海中映现，这便是练拳的意象。有念、有识、有象、有感觉才成为太极拳锻炼的真正拳意。所以说太极拳的用意必然是意念、意识、意象的组合，单纯地说一个抽象而空洞的意是毫无意义的，意念是太极拳锻炼的灵魂，对意念的认识和研究就显得格外重要，这对于练好太极拳起着关键作用。

太极拳锻炼讲究“用意不用力”，《太极拳谱》云：“凡此皆是意，不在外面。”《十三势歌诀》云：“意气君来骨肉臣。”《十三势行功心解》云：“以心行气。”心主血脉又主神志，神志是人的精神状态和思维活动，即为神意或心意，所以“以心行气”便是“以意导气”。《十三势行功心解》又云，“意气须换得灵，乃有圆活之趣”“全身意在精神，不在气”，这都说明了意念对太极拳锻炼是非常重要的。练拳不能没有意念，无论是外形的四肢动作或内形的气血运行，都必须有意念的引导，意念是太极拳运动的统帅，意念也是太极拳锻炼的灵魂。人不能没有灵魂，太极拳也同样不能没有灵魂，有了意念才能带领全身各部位运动，练拳没有意念的引导，即使身子再灵活、动作再柔软、姿势再优美，还是等于失去了灵魂。譬如一篇文章或一首诗歌，虽然写得井然有序，辞藻华丽而优雅，但是却没有灵魂。灵魂就是立意，任何创造性的活动都必须以意为先，文学创作或绘画都讲究立意，所谓“意似主人，辞如奴婢，主弱奴强，呼之不至”。

太极拳的用意，即是拳意，拳意也是太极拳锻炼的主要宗旨，是思想、行为、意念、思维、情绪、意志、精神等所组合的聚焦点。练拳可以不用力，但必须要有意，锻炼过程中首先对一招一式的动作中攻防含义的默念，严格遵照拳理拳法随时检验动作的正确性，并不断想象内劲和气血的运行情况，这都称为拳意。即使是随音乐而动的拳操活动，也不能说没有意，其意是用在音乐的节奏上，而不是用在拳理和拳法上，所以只能称为拳操。所谓的意必有所指，没有抽象的意，著名主持人骆新写的一本新书名叫《骆意不绝》，主题内容就是一个“意”字，每篇文章的字里行间全是意，是人生之意、民族之意、社会之意、民众之意。唐代诗人刘禹锡的《陋室铭》有云：“山不在高，有仙则名；水不在深，有龙则灵。”如果用于太极拳锻炼，这山中之仙和水中之龙就是练拳之意，太极拳将意气比喻为君王，将躯体和四肢的骨肉比喻为臣子，臣子应服从于君王，即躯体和四肢动作应服从于意气。对于意和气又必须要分清主次，《太极拳谱》有“心为令，气为旗”和“意气君来骨肉臣”之说。这里说的“心”即为意，意是大脑思维的功能活动，并非仅指心脏器官，但心脏是生命活动的根本，心为君主之官，主神明，故人们习惯上总将头脑中思考的问题称为是“心里想的”。练拳时能发号施令的是意，摇旗呐喊的是气，具体行动的是躯体骨肉和四肢。意念为主，内气为次，有了意动才有气动，意之所至气亦至焉。动作的曲伸开合与呼吸升降在于意，虚领顶劲、含胸拔背在于意，气沉丹田、气势鼓荡在于意，提裆合胯、气贯四梢在于意，上下相随、内外相合也在于意，所有动作均有意念带领而不是使力，故有“凡此皆是意”之说。《十三势行功心解》云：“全身意在精神，不在气，有气则滞，尚气者无力，无气者纯刚。”太极拳无论是走架、推手、器械锻炼都必须以意念为先，所以说意念是太极拳的灵魂。

太极拳锻炼过程中的意念是随着练拳的深入而变化，初学时的用意应主要集中在老师的示范动作和拳理及要领的讲解，对动作的模仿也必须用心在意。在模仿学练动作时，要求身腰及四肢动作的协调配合，步法和步形的正确，两手的动作方向、路线、高低部位及手形是否正确，都取决于用心在意。待动作较熟练并掌握手脚上下配合时，其意念应主要用在一招一式与一化一打的攻防技击上，因为技击才是拳架动作的具体内容，明白和掌握了拳中攻防的用意，才能使拳架动作正确无误。在拳架的外形动作练到成熟阶段，应由外形动作转向内形运动，此时对外形动作和攻防的意识应逐渐放淡，并将意念主要用在引领内气的运行方面，从局部逐渐引向全身，即以意导气、以气运身，要求达到“行气如九曲珠，无微不到”。再后待意气在体内运行达到顺遂和沉着，所谓“气遍身躯不少滞”，到了气血周流全身及内气开合提放十分自然的阶段，对意念需逐渐淡化然后便进入到无意识状态，并达到无我无为的境界。

## 无意胜有意

意识在运动过程中又分为有意识与无意识，有意识即是显意识，无意识即是潜意识。太极拳锻炼进入高层次阶段，便到了无意识状态，无意识也称下意识，练拳至这一较高境界，就是此时无意胜有意。看过金庸《天龙八部》的人都知道，云南段家有一种指法，称六脉神剑，段誉在无意之间随便一伸指，剑气即出，威力无比，但在有意识使用时，怎么也使不出剑气来。虽然武侠小说中有神秘和夸张成分，而在武技中讲究的是无意胜有意、无招胜有招。太极拳在竞技时，如果事先有意识地想好用何种手法出招，要打击对方什么部位，要达到什么效果，往往是不可能如愿以偿的；使招出招根本不需要有预先的设想，在接招变招的无意之中便能取胜，关键在于熟能生巧、巧能生灵，灵出于无意之中，所谓“拳无拳，意无意，无意之中是真意”。

无意识就是尚未被意识到的心理活动，有意识与无意识也并非各不相干，而是相互渗透、相互关联、相互转化的。无意识作为一种特殊的心理反应，具有零碎性、不自觉性和不可描述性，所以在一般情况下就难以捕捉；但是无意识又具有丰富性、能动性、活泼性，往往会在偶然间奇妙地突然涌现。人的意识好比大海中的岛屿，有露出水面的可见部分，还有埋入水下的不可见部分，显现在水面以上的可见部分为有意识或显意识，隐藏在水面以下看不见的部分为潜意识或无意识。有意识与无意识的区别在于隐藏与显露的关系，在太极拳锻炼中显露的是形，隐藏的是神。有些道理可以言传，但有些道理难以言传而只能去意会；有些道理一学就可以理解，有些道理却较为模糊暂时理解不透，常为之冥思苦想，真是百思不得其解。对于一时还搞不明白或感到模糊不清的问题，切莫忙于下结论，暂且先放下，就让它沉淀在潜意识里去消化去酝酿。经过一段时期一旦酝酿成熟，或在其他外在条件的触发下，就会忽然涌现在意识之中，从而恍然大悟便找到了答案。由于太极拳融汇了中国数千年的文化，其道理广泛而深奥，对所有道理不可能一下就会明白透彻，但也并不是神秘莫测，暂时放下并不等于丢弃不管，还须不断钻研和在实践中逐渐领悟，方能在一定时候豁然开朗。

无意识领域好比是无边无际的地下海，随时随地会向我们提供新的资源，往往是以奇妙的和不可思议的方式给我们送来新的启示。在太极拳锻炼中我们经常会碰到这类启示，例如练拳时要求全身放松，想象中感到很简单，认为不用力就是放松，但在锻炼时要真正做到全身放松并不容易。有些拳友会在专心练拳的过程中偶然有了新的领悟并告诉我说："今天练拳时突然有了放松的感觉，太舒服了！"又如平时练拳后有些拳友会觉得很累，除了体质或心情因素，还有就是练拳中存在着弊病，在自身条件较好的情况下专心致志地练拳，有时会突然注意到自己的某些弊病，经过调整后就会感到全身很舒服。比如人睡着了做的梦，一般总认为日有所思夜有所梦，有些梦境的出现很离奇，是从未想到过的情景，似乎没有受意识的支配，其实这便是潜意识所提供的情景资源。太极拳锻炼到了一定水平，便达到了无意识状态，从有意变为无意，也是从有招变为无招，从有法变为无法，所谓"兵无常势，拳无常法，太极无法，动即是法"。此时的无意、无招、无法并非都成了零，而是由显露变为隐藏，所谓"无意之中有真意"，此"真意"即进入了无意识领域。

无意识属于心理结构的深层因素，按其形成模式又可分为两个层次：一是个人无意识，二是集体无意识。个人无意识是属于个体的，它是由个人的情绪、愿望、冲动、经验以及模糊的知觉所组合而成。这些模糊的知觉和经验等，平时被遗忘了，或因某种外来关系被压抑起来，但在个人记忆中曾经有过。来自个人无意识的偶然事件是较容易被唤起到觉醒的意识中来，说明个人无意识并非处在深层。集体无意识是属于人类各个世代的遗传，还包括祖先们所积累的经验影响，它是蕴藏着无穷的智慧和力量，对人类的精神创造和发展起着巨大的作用，这是深层的无意识。无论是建筑在个人经验基础上的个人无意识还是从祖先世世代代遗传下的集体无意识，都能组成当今太极拳文化意识结构的深层部分，也成了意念、意象、知觉、灵感等的认知活动。

## 意象与知觉

意念在运动过程中经常会产生某种意象，意是“意念”，象是“物象”，意象也称心象和表象，即外界事物在头脑中留下的印象。每当人们对外界事物直接或间接地感知后，某种事物的形象作为图示便储存在大脑中，在一定条件下会重新浮现。表象是想象的基础，有了表象作为原始材料的基础就可展开想象的翅膀，并在情感、思维和认识等心理因素作用下，经改造后进行新的组合，所以想象也就是表象到意象的运动过程。意象是在感觉和知觉基础上形成的，它渗透着人类主观感受与客观事物的影像，这种影像可以是客观事物在头脑中的直接复现，也可以经过加工和改造后的再现，前者的直接复现称为记忆性意象，后者经加工改造后的再现称为创造性意象。客观世界的一切事物影像是意象的根本来源，所有这种意象是异态纷呈、变化无穷、纷纭复杂的，尽管如此，意象也绝不是无缘无故所能产生的。意象与感知觉有着密切的关系，都可以反映客观事物的形貌，但是意象又不同于感知觉，意象可以脱离具体的客观事物而复现，感知觉却不能脱离客观事物。

意象在太极拳锻炼中也起着相当重要的作用，初练者是很少会有意象显现的，待动作较为熟练之后才有意象的产生。意象首先表现在走架时的攻防含义上，面前无人若有人，就需要有一个对手的影像在面前，这个虚拟的对手便是意象的直接复现。客观事物在头脑中直接复现，称为记忆性意象，比如平时老师在教拳时，为说明一招一式的攻防含义，会让某学员做示范，或者在双人对练和推手时将人击出的影像，这些会成为自己练拳时的意象直接复现。意象经常会与感觉有所联系，待太极拳锻炼到一定程度，有些练拳者在追求全身松空时，会觉得全身的骨肉皮毛与内脏都在松开，称为骨肉松离的感觉。也有些练拳者当运动入神时，会觉得自己没有了躯体，而变成一股气流在晃动，或变成一个气团在一收一放，这称为气化感。也有在练拳时觉得自己变成了大海中的海水，在一高一低地涌动着，有时如海滩边一波又一波卷滚的汹浪，这称为涌浪感。另有将躯体化成风云、花草等状，此类感觉是将事物经过加工改造后的意象再现，称为创造性意象。太极拳锻炼中所映现的意象不可能千篇一律，同为一个模式，意象和感觉也是因人而异的，根据练拳者的认识程度和情感方式的不同，所产生的意象和感觉也是异彩纷呈、各不相同。就走架和推手时的涌浪感来说，其映现的涌浪意象也会不同，单人走架时由于丹田内气的开合与横隔膜的提放，产生的涌浪感觉是大海深处块状的涌浪状态。在双人推手时由于内劲收放蓄发和腰腿前弓后坐，产生的感觉便似近海岸边的线状卷浪状态。意象显现就是意象力所形成的具体形象的显现，有人也称为意象的再造或意象的重建，练拳中的形象动作结合了神、意、气的运动，能提供直接和间接的意象关系，然后再造出感知觉的意象画面。单纯的意象出现称点象，两个以上意象并列出现称面象，意象之间有远近、大小、开合、奇正、虚实、动静等关系存在，因此就形成了一幅层次分明、错落有致、动静相生、富有立体感的画面。

知觉与感觉统称为感知觉，感觉来自物质世界的某种刺激，直接作用于感觉器官所引起的一种神经冲动，由感觉神经传导到大脑皮层的一定部位，便产生了感觉。感觉属于对事物认识的感性阶段，是一切知识的源泉，它与知觉紧密结合为思维活动提供材料。事物通过思维的分析处理而被理解，也可以说是通过想象和感知并得到情感上的认可而被理解，这是形象感知后的升华，是情感激发后冷静的思考，才能从不自觉到自觉，从感性认识到理性认识。知觉是在感觉基础上形成的，与感觉有着密切的关系，知觉是对事物表面现象或外部联系的综合反映，知觉比感觉在理解程度上更为复杂、更为完整、更为真实，实践是知觉的基础，只有在实践中知觉才得以完善和准确。知觉来自感觉，同时也可以来自对听觉和视觉器官的直接刺激，知而感之为知觉。《论语》说："知之为知之，不知为不知，是知也。"知是认识，觉是感觉，知觉是在认识的基础上产生的，是人们对事物认识的门户，它渗透在人们的各项实践活动中。太极拳锻炼的各项要求除了练意、练体、练心、练气，同时也是在对感知觉的训练。所以练拳到一定程度，就必须要在自己身上寻找某种感觉，如内气在体内运行的"气感"与动作招式中的"劲感"，还有在练拳中由某种意象所产生异彩纷呈的感觉。有了感觉才会忘掉自己，达到拳我两忘。

知觉也是在练拳成熟的基础上获得，在独自对拳架演练中所训练的知觉，是如何去感知自身的动作正确与否。知与不知也是相对而言，有时自己感觉动作很正确，而在旁观者看来还有错误；也有起初觉得不错，后来就觉得不对。人们的知识与经验的不同，对同一事物的知觉也不同，知觉是否准确只有靠实践来证明。感觉是知觉的基础，还处在感性认识阶段，有些被错误或歪曲了的感觉称为错觉，对虚幻或离奇的感觉称为幻觉，所以感觉有较多的随意性。在太极拳锻炼中需要寻求运动中的感觉，这种运动感觉应具有真实性和正确性，而不是一种"错觉"或"幻觉"。然后才能从正确的感觉再提升为知觉，就是从感性上升到理性，如要获得四肢动作内涵的知觉，就首先要明白体用的要求；如欲获得内劲路线的走向知觉，就必须知道"力由脊发"的拳理及一化一打的虚实变化情况；如要获得内气鼓荡和气贯四梢的知觉，就必须知道全身经络阴阳的循环路线走向，以及内气松放和提合的规律。运动中从全身各部位阴阳虚实变化等情况中，所能感知到的各种信息和自身的感觉，这种自我的知觉为知己功夫。在双人对练或推手锻炼时，是通过双方手臂的接触，去感知对方的动向以获取各种信息，达到能知彼为目的是知人功夫。太极推手有"舍己从人"之说，能丢舍自己，才能随从他人，从人是为了去感知去了解，正确地获悉他人的内动信息，这是一种知人功夫，知己和知人都是知觉功夫。在杨氏拳谱中尤为重视练拳中的知觉运动，人降生之初，目能视，耳能听，鼻能闻，口能食。能辨颜色、声音、香臭、五味，皆天然知觉固有之本能；四肢能手舞足蹈，亦皆天然运动之本能。《固有分明法》说："非乃武何以寻运动之根由；非乃文何以得知觉之本原，是乃运动而知觉也。夫运而知，动而觉，不运不觉，不动不知。运极则为动，觉盛则为知，动知者易，运觉者难。先求自己知觉运动，得之于身，自能知人，欲先求知人，恐失于自己。"在《八门五步用功法》中又说："必先明知觉运动四字之本由，知觉运动得之后，而后方能懂劲，由懂劲后，自能阶及神明矣！"说明无论是走架和推手，都应重视知觉运动，先求知己，后求知人，有知才有觉，然后进入懂劲阶段，由懂劲而阶及神明。

## 灵感与顿悟

太极拳除了勤学苦练外，在锻炼过程中还须寻找灵感和顿悟，灵感的唤醒犹如从酣眠中苏醒，获得灵感后才能在技艺上有所突破。灵感是由意念及思维的聚集而突然触发，也是人的大脑内最复杂的精神活动，灵感会发生在复杂的人脑内部，也发生在最复杂的精神活动之中。从认识的发生来讲，灵感或顿悟都是一种突发性的创造活动，它来无影、去无踪，不能确切地预计，它的降临突如其来。从认识的过程来讲，灵感和顿悟都是突变性的创造活动，它具有急剧飞跃的形式，一旦触发，就像注入了催化剂，使感性认识迅速变化为理性认识。从认识的成果来讲，灵感与顿悟都是突破性的创造活动，它能打破人的常规思路，为思维活动突然开辟崭新的境界。这种突发性、突变性、突破性，在人们心理体验方面会显得十分奇特，在行为表现方面会显得十分异常，在认识领域方面会显得十分神妙。《自然辩证法概论》认为：灵感的产生，常常出现在思考对象不在眼前的时候，直觉一般都面对突然出现在眼前的事物所给出的迅速理解。《辞海》对灵感的定义：创作者在丰富实践的基础上进行酝酿思考的紧张阶段，由于有关事物的启发，促使创造活动中所探索的重要环节得到明确的解决，一般称为获得灵感。从一般意义来说，获得灵感有三要素：一需要有丰富的实践经验，二需要有理性的思考，三需要能综合性地升华。

太极拳锻炼中有许多环节一时是难以理解的，尤其锻炼到中后阶段从求懂劲到神明期，如对某一问题经苦思冥想仍百思不得其解，只要坚持不懈用心探索，灵感有时会在不知不觉中突然光临。太极拳锻炼中也常会有灵感的光临，例如对一些动作长期感到很模糊，有时会在锻炼中突然就清晰了。

太极拳锻炼中悟性很重要。悟，有渐悟和顿悟之分，渐悟是对事物一点一滴的慢性认识，顿悟是突然间的急速认识。《太极拳谱》曰："由着熟而渐悟懂劲，由懂劲而阶及神明。然非用力(功)之久，不能豁然贯通焉。""豁然贯通"就是对某一长久未解的难题，在锻炼中突然来了灵感就此找到了答案，这可说是一种顿悟。顿悟和渐悟也不是全无关系，顿悟是在渐悟基础上的突发，是对真理的突然觉悟，顿悟也有真假之别，真悟是大彻大悟，假悟为似悟非悟，这在内容上、程度上、质量上都不可能相同。佛家主张"明心见性"和"见性成佛"，并有菩提树和明镜台之说。古代有两位大师对同一内容的顿悟截然不同。师兄神秀大师说："身是菩提树，心为明镜台，时时勤拂拭，勿使惹尘埃。"其师弟慧能大师说："菩提本无树，明镜亦非台，本来无一物，何处惹尘埃。"对同一事物为什么会产生不同的看法并答出不同的结论，这就要归于平时的修为，佛教讲究一个"悟"字，有大彻大悟，也有似悟非悟，所以对前者来说只能算似悟非悟，后者才称得上大彻大悟。顿悟需有灵感的降临，太极拳讲究一个"灵"字，全身所有动作要轻灵，头顶悬起讲个灵，心神静处也有灵，所谓"心中空虚则灵不昧"。有了灵气就会获得灵感，有了灵感就会产生顿悟。顿悟不是无缘无故地凭空而来，而是在平时练拳中不断地领悟，不断地思考，从似悟非悟到渐悟，在渐悟积累的基础上和一定的条件下便突显顿悟。

# 太极拳锻炼的关键要领

太极拳锻炼有徒手和器械两大部分，又有个人单练和双人对练之不同。徒手单练内容有拳架套路、招式单练，徒手对练有双人推手、散手对练和散手散打。器械单练有刀、剑、枪、杆，器械对练有粘剑、粘枪、滑杆等。对于业余爱好者来说不一定全部都学练，但至少拳架套路、推手、内劲蓄发这三大内容必须学练，因为这三大内容为太极拳锻炼的精要，是求懂劲的门槛。应当认真学习前人留下的经典理论著作，特别是张三丰和王宗岳的拳论拳经，前人在经典著作中较全面地论述了太极拳的深奥原理，提供了正确的理论基础。其次，还必须了解和掌握锻炼中的一些基本要求和关键要领，诸如虚领顶劲、含胸拔背、气沉丹田、松腰、分虚实、沉肩坠肘、用意不用力、无过不及、上下相随、内外相合、刚柔相济、相连不断、动中求静等。这些可重点参阅杨澄甫口述、陈微明笔录的《太极拳十要》与《太极拳之练习谈》。对于这些著作，建议初学者认真学习并掌握，有条件的话还可以做些锻炼笔记，写些练拳的心得体会，在锻炼中不断体悟，如有不懂或模糊之处应及时向老师或拳友请教。

## 各阶段的进阶目标

太极拳锻炼何时能出成效，有人说："太极十年不出门。"也有人说："三年为小成，五年为大成。"其实，锻炼成效是因人而异的，不能简单地用年月来统一衡量。首先，有专业与业余的差别，专业拳师是将训练作为职业来对待，必须练出成效才有今后的立足之地，必将所有的时间都花在练功上。业余练拳者的主要精力是放在各自的工作和生活上，练拳只能作为业余爱好，所能练出的成效不可能与专业者相提并论。其次，认真与马虎的不同，认真者不分寒暑日日坚持，勤学苦练不断钻研，三五年定能练出成效。马虎者将练拳当作消遣，三天打鱼两天晒网，心不在焉，十年也出不了成效。现在习练太极拳的人很多，绝大多数都是业余爱好者，对业余爱好者来说并非一定练不出成效，历代有不少名师名家也都出自业余，是否能够卓有成效，取决于各人的身体素质、锻炼目的、钻研程度、理解和领悟能力及学练的深浅程度等因素。有些人经过三五年就能全面掌握，技艺水平达到较高层次；有些人练了几十年还停滞在初级水平，对太极拳理法和要领一知半解，更不可能掌握系统锻炼内容和太极技艺。学练太极拳应由浅入深、由粗到细、由外到内、先易后难，一步一个脚印逐步深入，一招一式学好学精，不可能一步登天。不要贪求速成，欲速则不达，有些求速者虽经一年半载拳、剑、刀、枪都已学会，但一经检验其路线方向和上下高低均未合度，时间一久便形成不良习惯，要改也难，正所谓"学拳容易改拳难"。太极拳也与其他技艺一样学会容易，学好就难，要学精更难，但只要知难而上，树立信心、决心、恒心，是一定能学好的。

太极拳的第一阶段为基础锻炼阶段。就如王国维的治学第一境："昨夜西风凋碧树，独上高楼，望尽天涯路。"做学问成事业要执着追求、一丝不苟，并能登高望远、细察路径，明确前进的方向与目标。基础锻炼阶段，就是坚持从不懂到懂、从不会到会的基础练习，只要认定方向和目标，专心致志努力学练，一天自有一天的收获，基础动作和理论知识的长进也会十分顺利。基础学习非常重要，如要打好基础也不是一朝一夕之事，基础一定要打扎实，才能筑起高楼。从不懂到初懂再到全懂，从初学到细学再到精学，这是由浅入深、由粗到细、由细到精、步步深入的学练过程。对感兴趣东西想学个大概那是较为容易的，如要深入学好或学精，就会感到非常困难。

太极拳的中级阶段是求懂劲锻炼阶段。如王国维的治学第二境："衣带渐宽终不悔，为伊消得人憔悴。"为了达到目标、实现理想，必须勤学苦练、忘我奋斗、不惜牺牲一切，从不后悔。太极拳的中级阶段就是求懂劲过程，由基础阶段转入懂劲阶段很不容易，除了勤学苦练，还必须有心灵上和生理上的感悟，只有懂劲后才称为太极拳入门。这里说的“懂”与前面由不懂到懂的“懂”在含义上有所不同，从不懂到初懂，从不会到初会，主要是靠老师教导和自己苦练，两者结合才能有所进展。到了中级阶段是以自己的苦练和修悟为主，老师的辅导为次，而且在锻炼过程中会遇到各种困难和阻力，拳艺的长进也很缓慢，甚至有停滞不前的感觉。在这个阶段练拳过程中常会感到困惑，甚至会失去信心，犹如到了“山重水复疑无路”的情景，锻炼过程中经常会遇到如此的情景，但只要能坚持突破这一难关，便又会上一个台阶。

太极拳的高级阶段是神明阶段。如王国维的治学第三境：“众里寻他千百度，蓦然回首，那人却在灯火阑珊处。”到了这一阶段沉淀在心灵深处的困惑就能豁然开朗，从而得到了最后的成功。懂劲后，太极拳愈练愈精，最后才能阶及神明达到高级阶段，这一过程是在历尽周折、艰苦磨炼后，才会豁然贯通，这也是一种在灵感显现下的顿悟。第三阶段的锻炼完全是靠自己的悟性，在锻炼中有领悟，在领悟中再实践，在动作上精雕细刻、精益求精，从大圈到小圈乃至无圈，臻于缜密。在意念上从有意到无意，无意之中有真意，心灵上求松空，空虚中存有灵气，为空而不空，不空而空。拳练至此自会感觉心旷神怡、全身舒坦，那就是“柳暗花明又一村”功德圆满的成功喜悦。

这三个阶段的锻炼经历与身心感受是各不相同的，是人类进行创造性活动中普遍存在的现象，也是太极拳锻炼的必然过程，整个锻炼进程不会是一帆风顺地直线向上，有困难和曲折，也有成功和快乐。换言之，太极拳锻炼过程的三个阶段，第一阶段是全面了解和熟悉的过程，第二阶段是深入研究和苦思的过程，第三阶段是获得灵感而豁然贯通的过程。

## 根在脚下

《太极拳谱》云：“其根在脚，发于腿，主宰于腰，形于手指。”

所谓根，一般指地下部分的根基，由胚根发育成主根，由主根的分枝生长出侧根；另有一种根是从茎叶上生出的，称为不定根。太极拳锻炼所指的根在脚下，两脚又分虚实，那么实脚是垂直支撑身体重量之根，称为主根，虚脚是斜向支撑身体重量之根，称为侧根。虚实即为阴阳，阴生阳，阳生阴，虚变实，实变虚，无论是阴与阳或虚与实都能互为其根。阴阳与虚实的变化不是单纯指两腿脚，而是泛指全身各部位，《太极拳谱》云："虚实宜分得清楚，一处自有一处虚实，处处总此一虚实。"脚下之根乃植于地下，而其他部位的虚实互变之根却不在地下，类似于树木之茎叶，即为不定之根。太极拳锻炼中处处有阴阳，处处分虚实，那么就是处处都有根的存在。阴生阳，阴为阳之根；阳生阴，阳为阴之根；虚变实，虚为实之根；实变虚，实为虚之根。从辩证关系来说，太极拳锻炼中的根不是固定不变的死根，而是能变化的活根，也称为灵根。

根，就是根基，也是根源，所谓"云出山根"，即山为云之根。根是事物的本原，一切事物都有其根。如建造房屋先要打基础，基础就是房屋之根，而且房屋之根也是多种多样的，有砖，有混凝土，有桩。人不可无根，有根才能身正，所谓"身正不怕影子斜"，其根在脚下，也在心中；树不可无根，有根才使枝干强壮，所谓根深而叶茂，其根在地下，也在茎上；水不可无根，有根才有水源，所谓渊远而流长，其根在远方的高处，也在近处的海洋；一个国家、一个民族同样有其深远的根，"黄河之水天上来，奔流到海不复回"，是黄土地和黄河水养育着一代又一代的炎黄子孙，这便是我们中华民族的根。一个长期生活在异国他乡的人，尽管生活得再称心如意，到了晚年总会念念不忘地思念着自己的故乡，最后总是要叶落归根。根是一切事物的根本，任何事物都有根，文字也有字根与根词，音乐也有根音，没有根基的事物，犹如无源之水、无本之木。

太极拳的脚下之根贵在变化，有变化其根就活，不变便成为僵死之根。植物之根生于地下，除了支撑地面上的植物体以外，还起着从土壤中吸收水分和养料等功能，同样太极拳脚下之根也起着支撑人体重量的作用，还让脚掌下的人气与泥地下的地气相合，并顺着地心引力产生作用力和反作用力。练拳时两腿脚的虚实变化与地心的作用力和反作用力有着密切关系。在一般情况下，腿脚的曲蓄松沉是受地心引力影响而变实，腿脚的伸展提起是受着地心反作用力影响而变虚。两腿脚的虚实变化除了与地心的作用力与反作用力有关外，还有一个重要的源头就是中根，从外形上讲腰腹便是两腿脚变换虚实的源头。王宗岳的《十三势行功歌诀》云"变换虚实须留意"，那虚实的变化必须留意哪里呢？又云"刻刻留意在腰隙"，说明全身虚实变化的关键在于腰隙，而不是在两腿脚之间力的互动。腿脚的虚实只是全身虚实变化的一部分，《太极拳谱》又云："虚实宜分得清楚，一处自有一处虚实，处处总此一虚实。"两腰之隙就是丹田的位置，是全身各处虚实变化的根源，也是两腿脚虚实变化之根。太极拳的所有动作都必须有一个中，有了中才能分清虚实，有中就会有阴阳，有中也就有了左右、上下、前后之分，中也就是变化的分界点。腰为人体及四肢运动的中轴，运动当"主宰于腰"，腰动属于外形动作，能带领腰转的是奇经八脉中的带脉，能驱动带脉的是丹田的内气，所以丹田才是太极拳阴阳虚实变化的关键。

腿脚的虚实变化应由基本步法开始训练，太极拳的基本步法很重要，也称迈猫步，要求"迈步如猫行"，因为猫步的特点是既轻灵又稳健，就是锻炼两腿脚虚实变化的重要步骤。这种步法的练习完全靠丹田和意气的提放，与一些练拳者所说"后脚蹬，前脚弓"的凭腿脚之力的步法截然不同。太极拳锻炼是用意不用力，基本步法锻炼也如此，如果长期使用腿脚之力练拳定将产生弊端，老年人练太极拳伤膝盖等说法皆由此而起。

走架时身法和手法的运转又必须结合身根与手根的不断变化。凡是有阴阳和虚实变化的部位，其根也必然会有变化。以腿脚骨节来说，脚掌趾为末梢，脚踝为连梢的下关节，膝为中关节，胯为上关节，运动中这三节应互为其根。下蹲时必由松腰落胯而松沉至脚下，其根在胯；上提时必有脚掌而向上至腰胯，其根在脚掌，上提与下沉的变化又必须通过膝的中根来调节。以手臂的骨节来说，掌指为末梢，手腕为连梢的前关节，肘为中关节，肩为后关节，运动中同样是三节互为其根，手臂伸展时必由肩向前至手掌，其根在肩；曲蓄时必由手掌向后至肩，其根在手掌指，在曲与伸的变化中又必须通过中根肘的调节。以全身在运动中的起落来说，上提时是由下而上，其根在下；下沉时是由上而下，其根在上。对内气的开合与收放也如此，放开时是由里达表，其根在内；收合时是由表及里，其根在外。太极拳是全身内外、上下、前后、左右的运动，所谓“一动无有不动”，有动就有阴阳虚实的变化，在变化中阴阳虚实互为其根。拳谚云“拿住丹田练内功”，所以说丹田才是运动之根。道是有根却无根，说是无根却有根，全身处处都有根、也都无根，有根与无根是相对而言的，太极拳之根必须以辩证的观点去看待。

## 立体式运动

人是立体的，也是多侧面和多层次的，人体有上下、内外、左右、前后之分，只有多侧面、多层次才能显示一种立体性。一张白纸平放在桌面上，无论你从哪个角度去看，也无法看出它的层次来，所能见到的只是一张平面的白纸。而人就不同，太极拳锻炼是以人为本，人是运动的主体，练拳要求“一动无有不动”，说明不是单纯手脚的局部动作，而是人体的上下、内外、前后、左右每一部位都有相互协调的动作。上下相随、内外相合、左旋右转、前进后退，这就成了全身上下、内外、左右、前后整体性的运动。人体的上下之分，按四肢而言，两手臂为上，两腿脚为下；按躯体来分，则头部在上，裆部在下；按胸腹来分，则胸在上，腹在下。人体的内外之分，暴露在外的能见部位属于外，隐藏在内的不可见部位属于内；手臂和腿脚及整个身躯的动作为外形，神意和气血及整个内脏器官的运动为内形。人体的前后之分，胸腹部在前称为前胸，背脊部在后称为后背，胸腹部的垂直中心由任脉统领，背脊部的垂直中心由督脉统领，称为前阴后阳。手臂有前伸后曲，腿脚有前进后退，眼神也有前放后收。人体的左右之分，从形态上看就很明白，无论是手脚、腰胯、眼耳鼻孔都分为左右，即有些成对的内脏也有左右之分，在运动中有左旋右转。“一动无有不动”就是全身每一部分都处在运动之中，所以称太极拳锻炼是立体式运动。

太极拳锻炼中的一招一式都具有上下、内外、前后、左右的运动，是上有手动，下有脚动；上有虚灵顶劲，下有敛臀提裆；上有百会穴接天，下有涌泉穴接地。有上必有下，有下必有上，练拳应是上下的联动。内有神、意、气血的运行，外有腰胯及四肢的动作；外现气势鼓荡，内有神意静守；外有骨肉牵动，内有脏腑蠕动。有内必有外，有外必有内，练拳又是内外的互动、神与形的结合。腰胯的左旋右转也不是平面的转动，是带有左上左下和右上右下、左上右下和右上左下的螺旋式转动过程，手脚也有左虚右实或左实右虚之分，有左必有右，有右必有左，练拳又是左右的协动。有前必有后，有后必有前，前有含胸，后有拔背，是胸部和背部的前后配合。手臂有前伸和后曲，腿脚有前进和后退、前弓和后坐之分，是手和脚的前后曲伸运动，眼神也有前视和后收的收放之动。

太极拳的基本步法训练，所谓“迈猫步”，并不是猫着腰放轻脚步那么简单，严格来讲在基本步法中也应该具有全身上下、内外、前后、左右的立体式概念。如欲迈出右脚时先要腰胯松沉，将重心坐实于左脚，当迈出右脚时就觉得轻巧灵活，再由腰向右上将左腿缓缓提伸至虚实变换的临界点，继而腰胯向右下慢慢松沉至右前脚下，即为在后的左脚由实变虚、在前的右脚由虚变实的过程。腰向右上又向右下的转动由丹田内气带动，丹田内气是由心意带动，丹田不仅带动了腰，同时还带着脚掌下的涌泉穴。涌泉穴的一提一放，脚掌下才有了沉降和飘浮的感觉，沉降又顺应了地心引力，飘浮是地心的反作用力，上升时气血走的是阳脉，下降时气血走的是阴脉，所谓阳升阴降。所以两腿脚虚实渐渐变换的过程包含上下、内外、前后、左右的配合动作，这都说明了太极拳的整体性运动是一种多侧面多层次的立体式运动，完全符合“上下相随、内外相合，前后进退、左右转动，一动无有不动，周身成一家”的锻炼原则。

对于内外动作的协调方面，外形的躯体及四肢动作容易见到的称为形，内形的神、意、气、血及内脏动作不易见到的称为神，练拳时内形和外形必须相互配合，表现出以神带形、以形传神的神形兼备，称为内外相合。内外关系表现为一表一里，内外动作有粗大与精微之分，由内形带动外形，一动无有不动，既有内动，又有外动，既有大动，又有微动，全身内外各处无有不动之处。正如《周身大用论》所云："如问大用缘何得，表里精粗无不到。"表，是指人体外表的能见部分，即躯体及四肢的外形动作；里，是指人体内在的不可见部分，即神意及气血等的内形动作；精，是指精微细巧的动作，包括含胸拔背、虚领顶劲、敛臀提裆，以及气血循着经络的运行和阴阳虚实的转化等；粗，是指手脚所划行较大幅度而明显的动作，如一手化一手打的攻防之用法等。太极拳锻炼时的一举一动，对于体内和体外动作及粗大和精微动作均须配合协调，才能称得上"一动无有不动"，为周身成一家的立体式运动。

根据太极拳立体式运动的要求，对初学者来说是不易做到的，只能随着练拳的不断深入，在拳艺水平提高的基础上逐渐去认识和深入理解各项要求和要领。如虚灵顶劲、敛臀提裆、含胸拔背、气沉丹田、气贯四梢、全身放松、节节贯串、气敛入骨、分清虚实、无过不及、上下相随、内外相合等。只有在充分认识和准确理解的基础上，才能从立体式的运动中体会到练拳的韵味。只有真正理解上述的立体式运动要求，才能深入挖掘、继承、研究、发展、探求太极拳的深奥渊源，为弘扬中华武术、传播太极文化创造有利条件。

## 虚灵顶劲与敛臀提裆

虚灵顶劲，又称顶头悬、提顶、悬顶。"顶"字有两种含义，一是名词的顶，指事物的最高处为顶部，如一座山的最高处为山顶，一间房屋的最高处为屋顶，一棵树的最高处为树顶，一辆车的最高部位叫车顶，人体的最高部位是头顶。二是动词的顶，指将事物由下向上顶起，如千斤顶能将偌大的汽车顶起，杂技演员的顶功可将一些物件顶在头上，有向上顶也有横向顶，市政工程排下水管为不挖开道路有顶管的施工工艺，太极推手中两人力对力的对抗称顶劲。但是这里所说的“顶劲”不是指动词的用力向上顶,而是指名词的头顶部,前面有“虚灵”两字,就是不可用力,须有虚灵自然之意,即用意不用力。

头顶部的大脑是藏神之处,中央最高处是头顶的百会穴,百会是元神的总会,将百会穴虚虚上领,能起到将元神凝聚的提神作用,神宜聚而不能散,有虚灵顶劲才能神贯于顶,提起精神。所谓“至道不烦诀存真,泥丸百节皆有神”。泥丸宫即头顶中央的百会穴,是脑之中心、百神的总会,真气运行必后升前降,升至泥丸,降自泥丸,为填精补脑内丹修炼的关键之处。虚灵顶劲的另一层含义是以头顶部百会穴与大自然的天气相接,以足底下涌泉穴与地气相接,形成练拳时天时、地利、人和的三才合一。《太极拳十要》说:“顶劲者,头容正直,神贯于顶也。”所以虚灵顶劲的要领应是将神意悬贯于头顶,然而有人却认为其秘传的要领是“后脖颈蹭衣领”,并加以说明:“蹭是颈项松直,微微旋动着向后轻贴衣领。”其实这是对虚灵顶劲的误导,且不说衣领的款式高低方圆不一,有些还是无领衣服,衣领是人体以外的附着物,用后脖颈向后去贴衣领,这与虚灵顶劲的要求毫不相干。另有些人认为“顶劲”就是动词的向上顶,故将一本书或一串钥匙等物件放在头顶上练拳,就认为这便是虚灵顶劲,其实这又是一种错误的理解,试想一件实物顶在头上怎能体现“虚灵”二字?《太极拳谱》所谓“差之毫厘,谬以千里”,前者是将悬顶上领误以为脖颈后贴,是部位与方向性之错误;后者是将虚灵悬顶误以为实物上顶,是虚实与动静之错。唯有正确理解各项要求和要领,才能有效地练好太极拳。虚灵顶劲是将头顶百会穴虚虚上领,使神意悬于头顶,并保持头容正直,虚灵顶劲的同时使喉头微收与舌尖轻舐上颚,这是配合虚灵顶劲的协调动作,头顶百会穴是督脉的通道,舌尖轻舐上颚是让任督二脉连接,便于气血循环运转促使前后的任督二脉阴阳贯通。

提裆也称合裆或吊裆。虚灵顶劲与敛臀提裆是上与下的关系。人的躯体最高部位是头顶,最低部位是裆部,头顶的百会穴和裆下的会阴穴,是人体中央一根垂直线的顶部和底部。上顶部为阳要虚虚悬着,下底部为阴就要微微提着,所以悬顶和提裆是起到承上启下的作用。敛臀提裆是以会阴穴为中心微微地收敛，使前后二便之门也微微闭合，就能起到护气固精之功效，又能防治内外痔病。对养生方面来说，同样要求成人每天能做数次提肛的运动，对身体自有好处，这与提裆有相似的作用。

敛臀与提裆是相辅相成的，有了敛臀也有了提裆，有了提裆也有了敛臀。敛臀和喉头微收是同一道理，喉头微收是为头容正直以配合悬顶，敛臀是为尾闾中正以配合提裆，既有上下关系又有前后关系。敛臀就是将尾闾微微内收，敛臀提裆的要求与虚灵顶劲一样，不可刻意用力，只要微微地虚虚地提敛即可，必须是用意不用力。悬顶是聚神，提裆是护气，因为丹田的位置就在裆部的上方，丹田又是养气的最佳位置，腹腔内的真元之气宜养而不宜泄，所谓"气宜直养而无害"，就是要涵养真元之气于丹田。裆部的提合除了带动二便之门的微微闭合外，也起到了轻轻托起丹田的作用，有助于丹田更有效地涵养内气。悬顶与提裆两者既是上下关系，又是阴阳关系，头顶在上为阳，裆部在下为阴，既有悬顶，就必有提裆，上下贯串，是阴中有阳，阳中有阴，达到阴阳相济。







## 含胸拔背与气敛入骨

含胸与拔背两者是相辅相成的，能含胸则背也能拔，能拔背则胸也能含；反之，胸放平则背即垂直，背垂直了则胸也宽平了。因为胸与背是一个整体的前后关系，前面的是胸，后面的是背，两者必然相连。含胸与膻中穴有关，膻中穴微微内涵的同时，整个胸腹部均呈内涵的态势，两肩与两胯也略有微微前扣之意。拔背与夹脊穴有关，夹脊穴微微后凸的同时，整个后背部均略呈缓缓开拔的态势。《太极拳十要》说："含胸者，胸略内涵""拔背者，气贴于背也"。含胸拔背是太极拳躯体运动的形态之一，并与立身中正、气沉丹田相配合，成为太极拳锻炼的主要身法要求。

在练拳过程中并非自始至终都要含胸拔背，根据太极拳运动规律和阴阳互变之理，含胸不是绝对的，含胸与平胸（宽胸）

应相对而言，有含就有平；拔背也并非绝对，有拔也有直。锻炼中胸的含与平、背的拔与直，也就是太极拳阴阳虚实的变化。从技击角度说，太极拳内劲的蓄发讲究一身备五弓，所谓“蓄劲如张弓，发劲如放箭”，含胸拔背也是身弓的形成，加上两手臂和两腿脚的曲蓄，便是五弓俱备。身弓为五弓中蓄发的主弓，向上连接着两手臂之手弓，向下连接着两腿脚之腿弓，发劲时五弓俱发，胸背部便恢复平整，劲力由夹脊通过两膊直贯手指，这就是力由脊发。练拳时躯体动作是胸腹部的一含一平，背脊部的一拔一直，胸含则背拔，胸平则背直，胸背部含与平、拔与直的动作只是微微的，不能太过分，也不能没有，应掌握无过不及以达到自然即可。

胸腹的一平一含，还必须与手臂和腿脚的曲伸相互配合，手臂与腿脚的曲伸，应与手掌心劳宫穴和脚掌心涌泉穴的含放相配合。胸腹的中心为膻中穴，手掌的中心为劳宫穴，脚掌的中心为涌泉穴，胸、手、脚三个中心都应有相互一致的微含与微放动作。太极拳动作是全身上下、内外、前后、左右的立体式运动，牵一发而动全身，才能体现上下相随和内外相合的“一动无有不动”。当胸腹微含时，手掌心和脚掌心同时也有微含的感觉；当平胸松开时，手掌心和脚掌心同样也有平展松开的感觉。含胸必然会拔背，手心微含必然是手背微拔，脚心微含也必然是脚背微拔，有含必有拔。含就是收敛，胸心、手心、脚心三心齐含，气血便由表及里是合，表现为气贴于背并敛入脊骨。在练拳过程中不仅要注意身躯部位的动静，还应注意四肢各部位的动静，身躯之动必然会带动全身各部位。

含胸拔背时配合吸气，有吞纳的意思，将精气纳入贴于背并敛入脊骨，自有滋养精髓及气血的功效。内气在体内的运行应是有收有放、有开有合、有上有下，即称为提放、开合，既有内形变化，又有外形表现。内气不可能永远只停留在某一部位静止不动，因内气收敛，故有含胸拔背、气贴于背，因内气鼓荡，故有气沉丹田、气贯四梢，一收一鼓便是阴阳的不断变化。气敛入骨是收、是合、是蓄；气势鼓荡是放、是开、是发；一收一放，一开一合，一蓄一发，才符合太极拳阴阳虚实的互变原理。

## 气沉丹田与气贯四梢

有很多人知道练拳要“气沉丹田”，却不知道丹田在哪，认为鼓腹就是“气沉丹田”，结果便练出了啤酒大腹，鼓胀难受。所以练拳必须明理，《太极拳谱》云：“太极者，无极而生，动静之机，阴阳之母也。动之则分，静之则合，无过不及，随曲就伸。”这几句话都是说太极拳必须讲动静、阴阳、分合、曲伸互变之理。

与含胸相对的有平胸、挺胸。平胸是指身体自然松开达到胸宽腹实，胸放宽便于内气松沉，腹实便是内气沉养于丹田。练内家拳切忌挺胸，胸向前挺会使内气拥塞于胸际，不能下沉至丹田，更不能松沉到脚下，意气浮于上便形成上重下轻、下盘飘浮之状，容易为人所制。“气沉丹田”是身体放松而下沉，任其自然而不是故意下压，是由里达表使内气贯注于四梢。能贯四梢的“气”是指内气中的营、卫二气，营气也称气血，因为它与血液融合在一起，凡是血液所能流注处便是营气贯注处，营气运行在血脉以内，起到输送营养至全身的作用。卫气具有疾速滑利的性质，活动在血脉以外的全身肌肤之间，其活力很强，能起到保护自身和肌肤张弛的作用。《黄帝内经》说：“营行脉中，卫行脉外。”四梢即血、肉、筋、骨的四个末梢部位，毛发为血之梢，舌为肉之梢，指甲为筋之梢，牙齿为骨之梢。气敛入骨和气贯四梢是表里的关系，气敛入骨是由表及里为收，气贯四梢是由里达表为放。气血的一收一放就好比黄浦江潮水的涨落，涨潮时就好比“气贯四梢”，沿江的支流小河因有潮水灌入而漫放；落潮时就好比“气敛入骨”，支流小河的水回流入黄浦江而退收。表为阳，里为阴，内气的一收一放就如潮水的涨落，是阴阳的互动。人体的所有部位都有表里之分，脏腑器官在内为里，骨肉皮毛在外为表，脏与腑之间也有表里之分，骨肉与皮毛也属表里关系。

《太极拳谱》云：“行气如九曲珠，无微不到。”营卫二气由脏腑循着经脉向外运行至末梢，而体内的真元之气则涵养于丹田，胸宽腹实，内气的运行全是以意而言，即为以意导气。太极拳运动时随着内气的一开一合、一收一放，也就有了表里和上下、内外的互动。气贯四梢也是内气鼓荡的表现，使全身骨肉皮毛、内脏器官缓缓松开，让气血充溢全身乃至末梢神经。如《太极拳十要》所说："如是气血流注，日日贯输，周流全身，无时停滞。"气贯四梢同样要求用意不用力，是意贯而不是力贯，内气鼓荡和气沉丹田绝不是用力故意地鼓挺小腹，而是使腰围一圈包括肌肉和胸肋胯骨自然地松开而下沉，松腰落胯，脚下坚实，桩步稳固。在内气松开下沉的同时，有一部分意念必须留在悬顶和提裆而向上，并提敛着由头顶百会至裆下会阴的中心垂直线，便产生了气往下沉而意往上升的感觉。产生向上感觉的还有意在冲脉的原因，冲脉是总领气血的要冲，向上至头，向下至足，能调节十二正经的气血。在内气松放下沉时，由于胸腹和背脊内壁前后两支冲脉的气血向上，背直、胸平，立身中正，体内产生了向上的感觉。

那如何理解"骨升肉降"呢？有不少练拳者误以为这是骨向上升、肉向下降的骨肉分离感觉，其实骨与肉是不可能上下脱离而分开的，肉裹着骨，骨连着肉，故有"骨肉相连"之说。所谓"意气君来骨肉臣"，意气属于阴主内，骨肉属于阳主外。在全身完全放松的前提下，骨肉似乎有松开的感觉而已，并不是真正的骨肉分离，有人宣称的"骨升肉降"其实是一种错觉。松腰落胯，就是要求腰肉与胯骨同时松落，在全身完全放松达到空灵而内气鼓荡的情况下，才会有神意上升的感觉，是由悬顶与提裆及气走冲脉所致。

## 全身放松与节节贯串

何谓"主宰于腰，形于手脚"呢？太极拳的四肢动作都是由腰带动，腰是人体的中轴，腰的左旋右转上能带动两手，下能带动两脚。腰能放松，转动就灵活，脚下则有力，下盘就稳固。腰若僵滞不松，两手两脚就会不得力、不得机，也不得势。腰动手动脚动全身动，一动无有不动，腰到手到脚到身也到，一到俱到。提腿出脚进退在于腰，手臂运转曲伸在于腰，闪展腾挪也在于腰，四肢动作都必须随着腰而转动，腰能灵活转动首先要放松，有松才能活，太极拳锻炼中松腰是关键。《太极拳十要》说："腰为一身之主宰，能松腰，然后两足有力，下盘稳固。"松腰与沉肩坠肘有什么联系呢？沉肩坠肘就是两肩两肘要放松而下垂，两肩的松沉与松腰有着密切关系，腰不松则肩也不能沉，两肩与两肘也是相互关联着，肩不能松沉，肘也不能松垂。腰又与胯相连，腰胯松沉，能带动两肩两肘的松沉，才有了沉肩坠肘。手臂松垂时向外的掤劲不能丢，手臂应保持圆满状态，两腋下保持虚空而有弹性，有人将这种状态形容为"腋下夹着两个热馒头练拳"。试想，如在两腋夹着热馒头练拳，还能放松自然而保持腋下虚空吗？所以说这样的比喻很不恰当。太极拳遵循儒家的中庸之道，讲究"无过不及"，所以运动中的一切动作都不能太过分，向外掤不要掤成平圆，坠肘也不要垂得过低，下垂中带一点外掤即可，所谓"手如抱月忌过直"，做到肘不贴肋，手臂的上下内外都应呈圆弧形态。圆满状态要求手臂上下内外无棱角，《太极拳谱》云："无使有缺陷处，无使有凹凸处，无使有断续处。"上下动作协调一致，式式保持圆满，才能使动作均匀而连绵不断，内气充实而灵活，内劲就能收放自如。

除了外形的松腰落胯和沉肩坠肘以外，还应注重关节肌肉及内脏器官的放松。内脏器官放松，则以心行气，不能放松，则以力使气。意念属于大脑神经的思维活动，所以大脑神经必须松静，松静不是松懈，是在松静中产生一种空灵的感觉。所以松与空两者是有着密切关联的，松离不开空，空也离不开松，放松是骨肉所为，空灵由神意所得。太极拳锻炼既要全身放松，又要全身节节贯串，这就说明放松不是无限度地松散，而应保持松而不散、松中有敛、敛中有松，所谓"似松非松，将展未展"。关于"松"字的理解，在练拳圈内也有不同的说法，有人认为松必须要散，有人主张松要松得彻底不留一丝余力，也有人提出要大松大柔。其实，练拳时也不必刻意去追求松，只要立身中正，一切动作不要刻意用力，达到自然舒坦即可，全身放松，体会空灵的感觉。再谈沉，沉也不是绝对的，如一举一动都要沉的话，那一套拳打完后就软坍到地下去了。

松与紧应是一对矛盾，但太极拳却不用“紧”字，而用“敛”字来替代，一松一敛就是阴阳的互动。太极拳最忌一个“紧”字，骨肉内脏和神经都不能有紧，松也自然，敛也自然，在全身放松时神意要提敛，即是松中有敛，在气势收敛时四肢骨肉放松，即是敛中有松。前些时候有拳友提出在上海某武馆练拳时，武馆老师要求“拎腰”和“挺腰”练拳，这不知是对是错。能提出练拳中须“拎腰”的要求，是有其独到的见解，而不是随波逐流地在“松”字上人云亦云。“拎腰”应该和“提腰”“敛腰”的要求属同一类问题，太极拳锻炼讲究提放开合，这不仅是对腰的要求，还包括内气。应注意的是，不能片面地只谈“拎”而不讲“放”，有松必有敛，有提必有放，一松一敛、一提一放才符合太极拳阴阳虚实的互动原理。放松和提敛应有纵向和横向的立体式运动，不应只考虑上下和前后关系。而对“挺腰”，只理解为向前挺起，这样的讲法是否正确值得斟酌。无论是松放还是提敛，都应该注重意念。

那什么是“节节贯串”呢？节节贯串就是要求上下内外各部位相互呼应、协调行动，贯串就是不能松散，松散后就贯串不起来了。松而不散才能空而有灵，全身松沉、悬顶、提裆，便是松中有敛、沉中有提，是松而不散的关键。松沉、敛提，都必须顺乎自然，不可故意使用拙力，用意不用力，这也是能否做到节节贯串的先决条件。

人体如何分节？《太极拳十大要论》中有三节论之说：“三节分上、中、下，或根、中、梢也。以一身言之，头为上节，身为中节，腿为下节。以头面而言，额为上节，鼻为中节，口为下节；以身躯言之，胸为上节，腹为中节，丹田为下节；以腿脚言之，胯为根节，膝为中节，足为梢节；以手臂言之，肩为根节，肘为中节，手为梢节；以手言之，腕为根节，掌为中节，指为梢节。若气势发动，必起自梢节，中节随之，根节催之，亦须节节贯串，如若上节不明便无依无宗，中节不明成满身自空，下节不明就颠覆必生。”既要放松，又要贯串，这就是太极拳锻炼的精巧之处，人是一个整体，如不能放松而全身捆紧，就好比是一根铁棍那样死硬，放松而贯串就好比一条铁链那样灵活。既有放松，又有贯串，才能周身成一家，一动无有不动，达到松而不散。

放松是太极拳锻炼的基本原则，也是练拳时一切技术行为的出发点，要达到全身放松须注意以下几点：一是精神状态的放松，大脑神经松弛，无杂念纷扰，平和自然，心静如水。二是呼吸方面的放松，轻松流畅，如细水长流，似微风拂柳，缓和顺随。三是形体上的放松，肌肉、骨节、皮毛、脸部表情均自然舒展，没有丝毫紧张。四是内脏器官的放松，各得其所，各尽所能，舒坦自然，水火相融。五是四肢动作的放松，手脚进退轻柔缓慢，行拳走架舒畅圆润，动作犹如行云流水。全身各部位在放松的过程中都舒展自然，不刻意或牵强。

外家拳从刚猛练起，讲究力量与速度；内家拳从松柔练起，讲究缓慢与用意不用力。太极拳属于内家拳，自然应按内家拳的练法，必须从松柔练起。但应“放松”到什么程度，前人却未曾说明。杨澄甫《太极拳十要》中只有松腰的要求，《太极拳之练习谈》中有“周身骨节，均须松开自然”之说。当初对于如何才算“放松”的问题，我也曾请教过张玉先师，先师回答：“任其自然，自觉安舒即可。”因此，在我几十年练拳和教拳中，对“放松”二字都没有刻意为之，只要达到自然和安舒即为放松。对初学者的要求也如此，在练拳时做到放松自然即可，不要故意昂首挺胸，待熟练后自能感到全身松静。有些拳友已练拳多年，还经常会提出“松”至什么程度才算到位，我平时的回答是：“松，就是保持自然状态下的舒适安逸，就如军训中立正后的稍息。”如此解释可能还不能解除拳友的疑惑，也只能取一条毛巾搓捏成一团，将毛巾放在平台上松开双手，看到成团的毛巾在渐渐松散开来，当松放到一定程度就停止了，这就是自然放松的限度。太极拳的放松也就如此，保持自然舒适就是放松的限度，尚未达到全身的自然舒适状态，哪怕局部还有一丝一毫的牵强，是为“不及”；已感到全身处于自然舒适状态了，如欲再强加以“放松”，就反而失去了自然与舒适，变得牵强，是为“太过”。所谓练拳中“放松”就是自然而然，不牵强附会，感到全身舒坦就行，全身舒适才是练拳宗旨，何必钻入牛角尖而不知所措。

## 分清虚实与无过不及

虚实在我国古代哲学思想中有很深的渊源，世界时刻都处在变化之中，这变化的世界本身就呈现着有阴有阳、有虚有实。虚实相生属哲学上的朴素辩证法，也是阴阳交替变化的运动规律，是在太极拳锻炼中的具体运用。古人所谓：“钟厚必哑，耳塞必聋，万古不坏，其惟虚空。”意思是说：钟铸得太厚实其空膛就小，就敲不响了，将耳朵塞得严严实实，就听不到声音了，只有在“严实”中保持适当的“虚空”，钟才能发出悠扬的钟声，耳朵才能听到细微的响声。实是基础，没有实就没有虚；虚是生发，虚扩大了实和丰富了实，这就是虚中有实、实中有虚、虚实相生，事物中不存在绝对的虚或绝对的实。在运动中要以实带虚，寓虚于实，让虚与实巧妙地相互结合。虚实的结合可以有多种方式，但归纳起来不外乎两个基本途径，即化实为虚与化虚为实，在太极拳运动中称为虚实的相互转换或变化。

虚与实对立统一地存在于运动之中，太极拳锻炼中的一举一动都是有虚有实。在化虚为实时，应不以实为实，而以虚寓实；在化实为虚时，应不以虚为虚，而以实寓虚。虚实之分对太极拳锻炼的意义重大，在《太极拳十要》中说：“太极拳术，以分虚实为第一要义。”书中仅列举了两腿之间虚实的变化：“如全身皆坐在右腿，则右腿为实，左腿为虚；全身皆坐在左腿，则左腿为实，右腿为虚。”其实全身各处都有虚实之分，因为虚实包涵许多范畴，诸如动与静、刚与柔、伸与曲、开与合、张与弛、藏与露、隐与显、收与放等均与之有密切关系。《太极拳谱》云：“虚实宜分得清楚，一处自有一处虚实，处处总此一虚实。”两腿脚的虚实是以重心的转移为变化条件，两手臂的虚实是以曲伸为变化条件，眼神和舌尖的虚实是以收放为变化条件，肌肤及皮毛的虚实是以张弛为变化的条件，胸腹部的虚实是以一含一平来区分，背脊的虚实是以一拔一直为变化条件。除此之外，还有手掌指和脚掌趾等，都随着拳势有虚实之分。虚实即阴阳，虚为阴，实为阳，运动中的虚实转换也就是阴阳的变化，太极拳的一招一式都必然是虚中有实、实中有虚，全身各部位的虚实要分清，但又须取得相对平衡。拿全身来说，某些部位变实了，必然有另外一些部位变虚了；前面实了，后面虚了；左边变实，右边变虚。《太极拳十要》说："虚实能分，然后转动轻灵，毫不费力；如不能分，则迈步滞重，自立不稳，而易为人所牵动。"

无过不及运用到虚实上面，就是"虚"不能全然虚空，应虚中含一部分实；"实"也不能全然严实，应实中含一部分虚。无过不及也是古代儒家思想的"中庸之道"，指一切行为都应适可而止，不能太过分，也不能不到位，应处处留有余地。中庸之道也是为人处世之道，就是待人要谦虚，不要有过激行为或过激言论，也不要言过其实，达到适宜即可。就如一日三餐吃饭一样，不要吃得太饱，也不能饿着不吃，要吃到七分饱较为适宜，应留有三分余地，便是实中有虚。太极拳锻炼对饱饿也有一定的要求，练拳时不能吃得太饱，也不能空腹饿着去锻炼，所谓饱伤胃、饿伤气。太极拳的所有动作都有无过不及的要求，就以腿的虚实来说，弓步实腿的膝盖以与脚面垂直为准，不能超出脚尖，膝盖超脚尖为太过，膝盖未达垂直为不及。以手臂的曲伸而言，将手伸得直了为太过，伸出的手未到脚尖为不及；曲蓄时将手曲收到贴近身体为太过，该曲未曲为不及。对含胸拔背、虚灵顶劲、松腰落胯、敛臀提裆以及内气运行与外气呼吸，都应该有无过不及的要求。

## 上下相随与内外相合

上下相随也是太极拳锻炼的要求，运动的主体是人，从上至下的头、手、腰、腿、脚等各部位都是人体的上下关系，《太极拳谱》云："其根在脚，发于腿，主宰于腰，形于手指。由脚而腿而腰，总须完整一气，向前退后乃能得机得势。"手在上，脚在下，腰为中，练拳时必须上、中、下协调一致。《太极拳十要》说："手动，腰动，足动，眼神亦随之动。"

所有事物都有上下之分，大家都知道天在上、地在下，人在大自然中活动，上有天、下有地，就是天时、地利、人和，上、中、下三者上下相随。天上有飘浮的白云，地下有流淌的河水，上有飘浮下有流淌，若将飘云与流水相组合就成了行云流水，以"行云流水"来形容太极拳动作的飘逸。

太极拳锻炼中的上下相随，首先指练拳者本人身体的上下部分。从躯体来分，头在上，裆在下，头顶百会穴的虚虚领起与裆下会阴穴的虚虚提合，符合上下相随的要求。从四肢来分，两手在上，两脚在下，练拳时的所有动作，必须两手两脚相互配合、协调行动，这便是手和脚的上下相随。如胸与腹的上下相随，在气沉丹田时就要求胸宽腹实，只有胸放宽了，气才能下沉至丹田使腹内充实。再如肩肘与腰胯的上下关系，肩在上，胯在下，上要沉肩下要落胯，肩与胯又须保持平准，没有松腰落胯也就没有沉肩坠肘，这便是肩胯之间的上下相随。还有头顶虚虚上悬和喉头微微后收，头顶在上，喉头在下，两者同样有着上下相随的关系。总之，上下相随不是单纯地指手和脚或头和裆，而是指全身各部位而言，上现轻灵，下显沉稳，向上时应注意由下而上，向下时应注意从上而下。

内外相合的具体要求是什么呢？《太极拳谱》云："神为主帅，身为驱使。"神属于内，身属于外，神与身是一种内外的关系，神是精神，身是举动。《太极拳十要》又说："精神能提得起，自然举动轻灵""所谓开者，不但手足开，心意亦与之俱开；所谓合者，不但手足合，心意亦与之俱合"。以手足为外，以心意为内，若能内外合成一气，则浑然无间矣。身体外表所显露的动作称为形，隐藏在内部的称为神，太极拳的锻炼就是内外兼修、神形合一。

一切事物都有内外之分，内外关系和上下关系同属一个整体，事物既有上下就必然有内外。就拿地球来说，人类生存在地球的外表面，见到的是茫茫海水与辽阔的大地，还有凸起的山脉，所谓"三山六水一分田"；地球的内部是土层、地下水及岩石岩浆等，地球内部的运动也必然会影响到外部。大山有内外之分，走近大山，看到矗立着一片绿色和巍峨的山峰，峡谷间飞流着山泉和瀑布，这是大山外部的景色；再走进大山的溶洞，就会看到千奇百怪的岩石和湿漉漉的不平石壁，内外景象截然不同，山体内部的变化同样也会影响外部的变迁。房屋有室内和室外之分，汽车有车内车外之别，人体也有内外之分，太极拳的内外相合，就是内部运动和外部动作的相互配合。

人的躯体及四肢的运动称为外形动作，人的神意和气血津液的运动称为内形动作，内外相合就指人体本身的内形和外形动作相互配合，并由内形带动外形。有人认为内外相合是指自身与大自然相互融合，彼此贯通，内外并非指身体内部与肌肤表层在构造上的分野。当然人是大自然的一份子，不能脱离大自然，如果练拳时连本身的内动与外动都不能融合，更不可能与大自然相融合。人体的内外之分一般以骨肉为外、神意气为内，故有“意气君来骨肉臣”之说，君在内在上，臣在外在下，君为主，臣为仆，练拳时的骨肉即指躯体及四肢，意气是意念和内气。如果按人体构造来分，则骨肉为人体的躯壳在外，脏腑在内；骨在肉之内，肉在骨之外；肌肉在皮毛之内，皮毛在肌肉之外。“表里精粗无不到”“一动无有不动”，全身上下内外配合运动，才能达到周身成一家。自局部到全体，由个体到整体，从小处着眼，以小见大，首先做到自身的内外相合，然后自身才能与大自然相融通。

# 心悟拾零

除了整理阐述有关杨式传统太极拳的史料、理论、习练要领等，我和拳友们还经常就锻炼中遇到的问题进行切磋讨论。我将这些日常的讨论记录和解答也适当做了整理归纳，以期进一步共同探讨。

## 拳理与拳法的区别

拳理就是太极拳的道理，拳法就是太极拳的技法，不懂拳理、拳法便是盲目练拳，就不可能达到应有的功效。

拳理主要是讲太极拳为阴阳之母的道理，运动中的阴阳相济。阴阳之理是中国古代纯朴的哲学思想，浸透着几千年的中国文化，是太极拳锻炼的对立与统一的辩证拳理。在太极拳锻炼时，阴阳、虚实、动静、刚柔、提放、开合等应互动又互变；在不断变化和不断平衡中，一举一动都应保持阴中有阳、阳中有阴，虚中有实、实中有虚，动中有静、静中有动，开中有合、合中有开。

拳法就是太极拳的技法，是讲究攻防技击的方法，属于竞技和防身御侮之术，技法中汇集了中华武术之精华。太极拳拳法可概括为八门五步十三势，八门指掤、捋、挤、按、采、挒、肘、靠八大手法，并有八八六十四种变化；五步涵盖了步法、眼法及身法，分为前进、后退、左顾、右盼、中定。

## 呼吸配合与气透三关

### ✧太极拳锻炼时应配合自然的呼吸

呼吸有深有浅，有轻有重，有粗有细，有慢有急。调息是将呼吸之气变为细微的气息。调息的感觉是若有若无，若存若虚，若即若离，绝不是深呼吸。一呼一吸便是一次阴阳的循环，调息与平时呼吸有所不同，调息必须心静，心静才能神安，在心静神安前提下气的一呼一吸，便是气息的一出一入。入息绵绵，出息微微，由粗入细，由细入微，让呼吸平缓细微便称为调息，所谓“虚其心实其腹”“善养吾浩然之气”。

呼吸与人体活动有着密切的关系，各类活动达到较高境界时必然会要求有呼吸的配合，即使是绘画、书法、音乐、游泳、田径、射击也不例外。太极拳锻炼初学时重点在动作，无须考虑呼吸，专注于对动作的模仿，熟悉一招一式的攻防含义，注重基本步法和步型，以求基本功夫扎实。当达到一定程度时就自然需要内外呼吸配合，方能达到全身协调一致。《十三势行功心解》云：“能呼吸，然后能灵活。”太极拳动作复杂，进退、起落、转折变化不定，如初学时片面地强求配以呼吸，将会造成闭气或气塞，对身体不利，还会影响动作收放。待太极拳锻炼达到一定水平后，所讲究的是拳势呼吸，随着拳势动作和内气的提放开合，而自然地与外气呼吸相配合。

### ✧拳势呼吸方法

拳势呼吸的锻炼由丹田内转法开始，内气在腹腔内先动起来，起到对内脏的自我按摩作用。尔后进入小周天运转法，后升前降阴阳循环，以达到任督二脉贯通。然后再进入体呼吸，全身各处一提一放和一开一合，并有一张一弛的感觉。拳势呼吸是以人体内气的提放开合为主，称为内呼吸；而外呼吸是用口鼻呼吸，气体经气管进入肺叶。

### ✧练气要讲究气透三关

书中道：“尾闾中正神贯顶，气透三关入泥丸。”那么，三关在哪里？何处是泥丸？人体背脊部正中的督脉，称为阳脉之海；胸腹部正中的任脉，称为阴脉之海；真气在体内的运转为阳升阴降，即内气沿督脉上升，沿任脉下降，这就是小周天运转法。沿阳脉上升时，由会阴至长强为第一关，沿着督脉上升过夹脊为第二关，继而上行至玉枕为第三关，最后至百会。脑髓乃藏神之处，百会是百神的总会，古人称为泥丸宫。内气由人中经天突，沿着任脉下降，再返回至会阴，并以真气护养于丹田，“气宜直养而无害”。真气后升前降，一阳一阴循环，如此往复，贯通任督二脉。

### ✧气沉丹田

我初练太极拳时只知道要“气沉丹田”，并不知道“丹田”究竟在何处。那时听说肚脐以下三手指处就是丹田，自以为“气沉丹田”就是要鼓腹挺腰。这样锻炼了一段时期后，发现小腹部大起来了，并且一直感到鼓胀，很不舒服。张玉先师发现后，便指出这挺腰鼓腹是太极拳锻炼之病，他说：“丹田不在肚脐下，是在肚子里面的中央。也不应该‘挺腰’，要‘松腰’。”经先师指点，细心体会后我领悟到，“挺腰”必须刻意用力向前，而“松腰”则是自然而然地向四周松开，同时有下“沉”的感觉。再进一步，又用心探寻到丹田的正确位置及其功能，豁然进入深层次的练拳阶段。在人体中央，也就是自头顶百会穴至裆下会阴穴，贯穿着一根承上启下的垂直中心线，丹田就在这根中心线上。既然这跟中心线承上启下，有下必有中和上，由此，我确信人体具有三丹田之说。自百会至会阴经过头、胸、腹三个部位，腹部气海穴及与之相对应的背部命门穴，两穴连线中点与中心线交汇处即为下丹田，是藏精之处。胸腹部膻中穴及与之相对应的背脊部夹脊穴，两穴连线中点与中心线交汇处即为中丹田，是藏气之处。头脸部印堂穴及与之相对应的头后部玉枕穴，两穴连线中点与中心线交汇处即为上丹田，是藏神之处。三丹田贯通了精、气、神。丹田内转法指真气在胸腹部由下丹田至中丹田循环运转，起到内脏自我按摩作用，炼精化气。小周天运转法指真气在胸腹背及头脸部循环运转，起到贯通任督二脉的作用，用以练气化神。体呼吸法指气血周流全身，起到鼓荡和收敛的作用，用以炼神返虚。

## 九曲珠与九节劲的区别

九曲珠，指气血在体内运行的情况，属于内；九节劲，指躯体主要关节和劲点的旋动，属于外。九曲珠与九节劲的含义，有着截然不同之处，前者指行气，后者指运劲，两者不可混为一谈。

《十三势行功心解》曰：“以心行气，务令沉着，乃能收敛入骨；以气运身，务令顺遂，乃能便利从心。”杨澄甫的《太极拳十要》曰：“盖人身之有经络，如地之有沟洫。沟洫不塞而水行，经络不闭而气通。”指出了体内气血运行法则。“行气如九曲珠，无微不到”，是指体内气血运行于经络，其运行路线错综复杂。人体经络的分布像一张网络，气血在体内的运行就如九曲珠那样迂回曲折，从内脏到末梢，通筋骨、润肌肤，无微不至。古人以“九”指代最高、最大的意思，并非特指数字“九”。

拳、掌、肩、腕、肘、背、腰胯、膝、脚等部位的关节的出击点发出的劲力，称为九节劲，即“九节劲节节可发人”。练拳和推手时，随着腰轴的转动，全身上下各个关节也随之有螺旋形转动，即“九节劲节节走螺旋”。

## 拆招练招中体现表里精粗

拆招练招是张玉先师授拳的基本方法之一。

对初学者来说，想要了解每一个招式及其过渡动作的起落开合，以及对身形、腰转、手势、脚步及眼神的具体要求，掌握正确的拳架外形，拆招练招不失为一种很好的锻炼方法。只有对每一招式反复练习，才能加深记忆、渐趋熟悉。张玉先师说过：“学会一招，就要练好一招，并且要练熟，不要囫囵吞枣、求多求快。”拳友中有求速成的，只短短数月就把一套拳架全部学会了，但数月不练又全都忘了。然而，求精求熟的拳友，虽然几个月下来只学会和练熟了几个动作，但是，即使因故停顿数月后，对所熟练的动作依然记忆犹新，这就是真正归自己所有了。即使具有一定基础的拳友，也需要拆招练招，将一招一式单独反复练习，即所谓拳式单练，可采用定步练，也可采用活步练。练拳如此，练剑、练刀也如此，在单式锻炼中，仔细地体会全身各处阴阳虚实和细巧精微之处的变化。若每一招每一式都能练熟、练好、练精，对整套拳的演练就能清楚明白韵味无穷，不再云里雾里了。

## 太极拳锻炼的“形似”与“神似”

“形似”指外形动作，“神似”指的是内形修为，外形动作可以通过模仿而来，内形修为只能通过自己的领悟和内形修为所得。做到“形似”比较容易，只要模仿能力强，对拳架外形动作学得像模像样即可，然而这仍然是别人的动作形象，不属于自己。要达到“神似”并不容易，拳势中必须融入自我，不仅动作中要有攻防作用，还必须讲究神、意、气、血与动作的协调一致，动作中能显现出自己的精神面貌，有了个性化才属于自己的拳架。初练太极拳时讲究“形似”，待熟练后就需追求“神似”，因为神是内在的精神实质，形是神的外在表现，神是形的内在核心。形似也不一定要与某宗师拳架相似，因为每个人的身体条件、性格性情均不同，就不可能练成一模一样的拳架。所谓“形似”并不是与某位大师的拳架相似，而是应该与太极拳架的技击含义相符。

## 欲知去往，先明来处

人生来去匆忙，来是生，去是死，一般人都忌讳谈生死，莫管它来去如何，任其“来时糊涂去是谜”，只求眼前随便过。也有一些人无休止地争，争权利、争名誉、争地位、争钱财，样样都要争，活到老，争到老，死了也要争块好墓地，争得好辛苦。人都是这世界上的过客，而且走的是一条单行道，没有回头的机会，走好走坏，都要走完这条路，对人生来去问题就不得不考虑。世上没有神仙，只有修道者。张三丰只是一个修道者，不是神仙，他集太极拳之大成，为人类做出了贡献。张三丰告诫说：“欲天下豪杰延年益寿不老春，不徒作技艺之末也。”欲知去处，先明来处，《张三丰以武事得道论》有曰：“夫人身之来者，得大父母之命、性、赋、理，得小父母之精、血、形、骸。合先、后天之身命，得而成人也。”乾坤是大父母，为先天；爹娘是小父母，为后天。先天归后天，是从无我到有我，后天返先天，是从有我到无我，关键是在有我之时如何修行。

张玉先师说：“练太极拳如同修道，要明白人从何处来，要到何处去，中间怎样修？”修行分修炼、修养、修道，修身养性。练太极拳如同修道，此道即为人之道和养生之道；人生应重在行道，无道者枉为其人。是人就不得不考虑：我从哪里来？又到哪里去？活着的意义是什么？死并不可怕，有人说："生似夏花般灿烂，死如秋叶般静美。"练太极拳当参透人生，通过修炼、修养、修道，参透了，道破了，你才会活得舒坦。

## 提倡流派，反对宗派

顾留馨老师一贯主张："提倡流派，不搞宗派。"中华武术发展的方针是：挖掘、整理、继承、提高。无论是陈式、杨式，还是武式、孙式，原本都属于一个门派，而后再派生了不同的流派，各个流派都有各自的特色，大家可以互相切磋交流、取长补短。对其他门派的拳术，不能持轻视、贬低的态度，不能独以太极拳为尊，尊重他人也就是尊重自己。

太极拳的流派及支脉相当繁多，拳架动作及锻炼形式和方法虽各有差异，但理念都是一致的，百花齐放、百家争鸣，在继承和挖掘的基础上求发展、谋提高。武术流派各具特色，应予提倡；搞宗派、搞分裂，贬低别人、抬高自己，只会阻碍武术的发展和提高，应予以反对。

## 尊重传统与发扬光大

对于传统太极拳，有人当作宝，尊重祖先传下的宝贵财富，原原本本地传承给后人；有人当作草，任意宰割，胡乱编造，零打碎敲地当作商品买卖，而且出售的大多是假货。当今的太极拳名目繁多，招式千奇百怪，理念杂乱无章，可能连老祖宗也不认识了。张玉先师非常尊重祖先留下的传统拳架及所有套路。曾经有位同门师兄将师传的拳架套路拆散打乱后自编了两个套路，一套称37式，按杨式37个独立拳架招式组合编排；另一套称左右式，选择了部分拳架段落，编为左右动作的套路，并且公开向外传授。张玉先师知道情况后当场训斥："老祖宗传下的东西，谁让你胡乱改编？公开向外传授的拳，须经武术界公认才可外传。"我曾经询问张玉先师："祖先所传拳架既不能改，为何杨式传人的拳架都有差异？"先师回答："他们都已成名，有了自己的锻炼方式，拳架的大方向都没有变。"先师受命参与88式拳架改编时，也曾坚持保留杨式拳架的传统原貌。

张玉先师尊重传统，但并不故步自封。当年，我将先师所传的一些零散的单练发劲组合成套路，作为热身运动，先师知道后很是赞同。我将斜飞式、揽雀尾挤式、按式组合后，分定步和活步演练，先师看后点了一下头说："太极发劲本与形意相仿，可以作为练拳前的热身运动。"据张玉先师介绍，社会上时兴的练功十八法，就是从前王子平练拳前的热身运动，共二十四式，后被改为练功前十八法和后十八法。

## 骨升肉降应作何解

外界的刺激作用于感觉器官所引起的神经反应，传导到大脑皮层产生了感觉，根据各人生活经历和大脑思维活动的差异，这种感觉也是多种多样的，符合客观规律的为真觉，也称知觉；不符合客观情况的为错觉；荒谬离奇的为幻觉。太极拳是立体式运动，也必然有上下、前后、内外、左右的动向，至于"骨升肉降"的感觉是真觉还是错觉，需要对运动中全身各部位的动向进行剖析。骨连着肉，肉包着骨，骨肉相连不可分割，无论是松腰落胯，还是沉肩坠肘，都是骨与肉同时松落，同时沉坠，不存在骨向上升而肉向下降的情况，我认为，"骨升肉降"是一种错觉。在骨肉松沉的同时能向上领起的是神意，由裆部会阴穴到头顶百会穴这一人体中心的垂直线提领着，就有了骨肉下降、神意上升的感觉。

## 太极拳与养生

太极拳吸收了古代养生家的吐纳和导引之术，采用武术文练、动静结合、以意导气、以气运身，能疏通经络、按摩内脏、活络筋骨，帮助新陈代谢、吐故纳新，使气血通过经络周流全身，激发人体自愈功能。《黄帝内经》曰："经络者，决生死，处百病，调虚实，不可不通也。"中医认为一切疾病均因阴阳失调、气血不通，太极拳能够平衡阴阳、疏通气血，是治疗亚健康的最好药方，每天练拳就如服一帖理气补气药，有祛病延年的效果。

精、气、神是人体生命活动的三大宝，丹田修炼是长寿之道。

太极拳讲究气沉丹田，提炼精、气、神，以养浩然之内气。精，从其来源可分为先天之精和后天之精，从功能上可分为生殖之精和脏腑之精。精是构成人体生命活动的基本物质，又是人体各种功能活动的物质基础，“夫精者，身之本也”。气，是构成人体及维持生命活动的基本物质之一，是通过脏腑组织的功能活动而反映的，按其反映的部位不同一般分为脏腑之气、水谷之气、呼吸之气、经络之气等。按对人体的作用及功能分，有元气、宗气、营气、卫气。神，是人体生命活动的总称，也是对人的精神意识、思维活动，以及脏腑、气血、津液等外在表现的概括。太极拳锻炼讲究“气沉丹田”，养气于丹田，丹田是精气神的聚集之处，练拳者都应明白何处为丹田。

当今社会，物质生活普遍提高，人们对如何养生祛病延年愈发关心，电视节目天天都有养生话题。养生可分为食养、动养、静养三大类，媒体宣传多以食养为主，吃保健品和滋补药都属食养。生命在于运动，动养是以运动为养生之道；静养以静为主，包括坐、卧、站时心神的内收静养。太极拳主张外动内静，兼具动养和静养之功效。

## 太极拳锻炼可能是最佳的有氧运动

有氧运动应具备三个条件：一要在氧气充足的环境下锻炼，最好是早晨的绿地；二是运动不能激烈，必须是绵绵不断的柔性锻炼；三是运动持续的时间须达到半小时左右，才能使大自然的外氧在体内转化为内氧。练完一套杨式传统太极拳的时间需30～40分钟，动作松柔，用意不用力，连绵不断，似行云流水，呼吸深长而细匀，这符合有氧运动的条件。太极拳锻炼不必分春夏秋冬，练拳时会感到身体内部有一股暖流在涌动，并不断向外扩散，待练完一套拳后全身都感到热乎乎的，还微微的有些汗渍，而且还可改善心脑的缺氧状况，所以太极拳锻炼可能是最佳的有氧运动。

## 太极拳是一种大脑皮层体操

大脑是意念和思维活动的指挥中心，意念就是太极拳锻炼的灵魂，太极拳有“意气君来骨肉臣”之说，将意气比喻为君王，将骨肉比喻为臣子，发号施令的自然是君王。意气属于内形活动，骨肉属于外形动作，意气的活动依靠大脑神经系统的指挥。在练拳时要全身放松、思想集中、排除杂念，将大脑的思维活动局限在拳意上，达到思想高度集中而不紧张，大脑神经放松而不空白，四肢骨节皮肉松柔而不疲软。这样才能有效地解除大脑皮层的紧张和疲劳，有助于大脑中枢神经的修正与平衡，同时也改善了脑组织的供血功能，所以有人便将太极拳锻炼称为大脑皮层体操。

# 重温师承

我的太极拳承恩于张玉先师，得自于杨澄甫—武汇川—张玉一脉的杨式传统太极拳真传，先师的言传身教不敢忘，也常常忆及当年的点点滴滴。只可惜限于当年摄影、摄像、录音技术的匮乏，未能将先师的音容笑貌完整记录，实为此生憾事。

## 武汇川答复黄文叔之书信

黄文叔自幼爱好武术，喜弄刀舞剑，青年时参军，后任江西南昌行营署管理处长之职。为振兴武术，寻师访友，早年曾从田兆麟学练太极拳，民国十八年（1929年）在浙江召开全国武术大会时认识了杨澄甫，便又从杨澄甫学太极，并与武汇川、田兆麟、孙禄堂、张兆东、杜心武、刘百川等武术名家交往甚密，故以兄弟相称。

武汇川在答复黄文叔的一封书信中曾这样写道：

文叔学兄伟鉴：

久未畅谈，渴念殊甚。顿奉华扎，敬悉钟切，谨将所询，答复如下。

练太极拳之要旨，务须身体中正圆满；气要松沉，手前按时，要从肩肘蠕蠕搓出，两肩要松坠，两肘要下沉，尾闾要收敛。脚落地时，先虚而后实，上下一致，式式均要圆满，头要悬顶，气沉丹田，练时要慢，快则气即上浮。如在赣有知心好友，可教以一二，以便互相研究，推手亦易进步，身体亦能健康矣。

素知我兄文学理想渊博，又能虚心钻研，日后定能成为太极名家，兴盛此术者，惟有我兄是赖，他人所不能及也。嗣后待我兄凯旋归来，再为趋阶谒贺，现当战事期间，诸多劳苦，身体善自尊重，是所致祈！

……

谨此奉陈，敬请道安。



## 严师出高徒，苦练出真功

前辈们的学拳练拳经历都很艰辛，张玉先师说在杨家学艺时，从早到晚除了练拳就是睡觉，功夫是苦练出来的。先师说，从前武汇川先生教拳时，手里会拿着一根绳鞭，比如做单鞭的右勾手，他仅会纠正两次，若第三次再错，他就用绳鞭抽了，让人牢记不忘。再比如，功力训练时，要求学生在抖杆前要扎50斤重（1斤=500克）的铁枪，当时顾留馨老师被称为“小七君子”之一，善于文笔，故臂力较弱，铁枪扎出后枪头总是下落，每次总要被武汇川先生训斥一通。



## 有所失，必有所得

学练太极拳要花时间，是很长很长的时间，不能以日以月计，要学好和练好它需花上十年八载，也许是一辈子。对中青年在职人员来说，大部分时间主要花在工作、柴米油盐，以及照顾老人和孩子上面，再要挤出时间练拳，很不容易。学练太极拳还须花精力、用脑子，一个看似十分简单的动作，须反复练上几十次、几百次，还要经常在脑中翻滚，甚至在上班时抽空也要比划。我当初练拳就是如此，常因忙于练拳而很少关心家务事，甚至引起家庭矛盾，加之多种疾病缠身，真是有苦难言。有几次老师看到我情绪低落，便鼓励说：“你很聪敏，一点就通，这拳以后要靠你们传下去。眼前很辛苦，又要上班，又要练拳，还要带领大家学练，现在的辛苦，将来定会有回报。”有所失，必有所得，通过三五年的锻炼后，身上原有的疾病正在一点一点消失，精神面貌与以前大不一样。先是伤风感冒、神经衰弱、肺结核及肠胃病痊愈了，继是心律不齐和高血压病消失了，从原来的“半条命”变成了“整条命”。记得在25岁时有人说我大约能活60岁，现今我已80多岁了，可能也算是坚持练拳的回报吧。

## 海灯法师与张玉先师的情结

拳师就是教人拳术和传播武德的老师，应具有高尚情操与无私奉献的精神，可如今的拳师多若牛毛，只要稍懂一些便都可当拳师。从前当拳师很不容易，要想设场教拳没有真实功夫可不行，有了功夫还须有较广的人脉，以及场地，否则还是无法立足。众所周知海灯法师除了扎实的少林拳术外，更出名的是他的二指禅功夫。他初到上海时，想要站稳脚跟设场教拳却困难重重，到处被人驱赶，俗称“踢场子”。最后还是张玉先师让他在自己的场子边教拳，并为他介绍学生和拳界名人，使海灯法师在上海有了立足之地。为此，海灯法师对张玉先师感激不尽，终生难忘。后来海灯法师每年都要外出云游，每次到上海时，总要邀请张玉先师相聚阔谈。有一次，张玉先师要我陪伴同行，我有幸见到了闻名已久的海灯法师，见其身材较瘦小但精神极佳，特别是眼现神光，他右手的食、中两指特别粗壮。海灯法师应邀当场表演了他独有的二指禅功夫，只见他用两根手指支地很轻松地全身倒立，纹丝不动，可见他手指上的功力非凡。海灯法师对张玉先师非常敬仰，并再三对随从的几位弟子介绍说：“上海的张老师乃真英雄也！武功卓越，人品高尚！”

## 劫后余悸是先师的无奈

“文化大革命”期间，传统太极拳也受到歧视，名家名师受到冲击，张玉先师也在劫难逃。“文化大革命”后期，有关部门曾召开过一次太极拳师的座谈会，要求大家对各自所学所教畅谈体会、交流经验，为继承和挖掘传统拳艺，为更好地普及与发展做出贡献。张玉先师后来告诉我说：“这次座谈会，大家都是低头喝茶，沉默寡言，其实是心有余悸，惶恐不安。”其实，前辈们谁不想将自己所学传承于后人，实在是心有余悸，无可奈何。因此，在公开场合教拳只能是以强身健体为主，避谈攻防技击作用。

直到“文化大革命”结束，太极拳的武术功能才被正视。20世纪80年代，为了继承传统太极拳，以张玉先师名义，上海市武术协会面向全市招收太极拳学员百余人，每周一、三、五晚上教拳两小时。可是，张玉先师已70多高龄，长期生活的煎熬，原来雄伟魁梧的身体也不堪重负，健康状况也较差，如此教拳重任怎堪担当？当时，先师将百余学员分成四班，分别由我和其他几位师兄弟作助教，既教拳架，也教推手。先师很想将自己所学传给后人，曾与我们商议由先师口述，我们帮助整理后出书。但限于当时的社会条件和其他各种无奈原因，始终未曾如愿，这也是先师的无奈。先师有位在台湾的胞弟是军官，退休后定居加拿大，曾经来信邀先师去加拿大教拳。当时先师也动了心说：“如能出去的话，就带你同往，帮我一起到国外教拳可好？”但“反动拳霸”的阴影尚在，根据当时的社会环境出国希望极为渺茫，这又是先师的一大无奈。人生不如意事十之八九，对于太极拳练到一定境界者来说，都对人生世俗看得很淡泊，既有十之八九的不如意，定有十之八九的无奈。但先师的信念是，无奈归无奈，人生道路总得勇敢地走下去。





## 传承太极拳是一代人的责任

张玉先师经常告诫说：“太极拳是老祖宗留下的宝贝，要原汁原味地传承给后人，这是我们这一代人的责任，否则就会失传。”唐才良老师说：“张玉是杨式太极拳的一面旗帜，因为他始终坚持将原汁原味的传统拳技一丝不苟地传授给后人。”张玉先师为人正直低调，从不与人争强夺胜，待人热情亲和，论人品与功夫都属于上乘，尤其是太极推手堪称“独步上海”。我当初寻师时，本有多位名师可供选择，虽然听闻张玉先师是靠教拳谋生的，而且还在挨批斗，但是我经过再三考虑，还是决定随从张玉先师，就是被他的人品与功夫所感召。作为弟子既要学老师的技艺，更要学老师的为人。

张玉先师从小在杨家学艺，功成后一直从事传授杨式传统太极拳的工作，功成而不以功自居，总认为功在杨家，自己所传授的是杨家拳艺，理应保持原汁原味。张玉先师是一位职业拳师，中华人民共和国成立以前以此养家糊口。中华人民共和国成立后，张玉先师虽收入微薄，但日子还能勉强度过，他从未向学生提出任何经济要求。作为学生感念先师的辛苦，凑上三五元想补贴老师一些早餐费、交通费，略表心意。为此，先师内心感到非常不安，几次对我说："你们虽有工作单位，但现在工资收入普遍很低，大家经济都困难，你们给钱而我心中非常不安。"并真诚地嘱咐我："你们都有自己的职业，退休后也有劳保，切记千万不要做拳钱交易，要以拳交友，你们无私地传承杨式传统太极拳，就是对我和对杨家最好的交代。"张玉先师的教诲，我辈岂能忘怀，并一直激励着我坚持几十年免费授拳，以拳会友。来者都是友，亦师亦友，自由自在，杨式传统太极拳发扬光大是我们这一代人的责任，何乐而不为！

# 后　记

## 感受太极，如识当初

人们习惯用"缘分"二字来形容对一些美好事物意料之外的收获，体现一种内心的庆幸和喜悦，难以讲清也不易道明，偶然的相遇却注定长长久久的联结。我们对太极拳的喜爱和坚守，同时与黄仁良老师的师生情谊，真可用"缘分"二字来诠释。

走遍上海的每个公园和街坊绿地，都有太极拳锻炼者的身影，或三五成群，或纵横列队，都聚精会神地在练拳。上海汇川拳友会自2007年创立至今已有十余年，每逢双休日，拳友们放下了一周的忙碌，纷纷来到世纪公园跟从黄老师习练杨式传统太极拳，拳架、刀、剑及推手、散手等无不涉猎，还探讨太极拳的技击功能和健体养生及文化理念。练练谈谈，大家兴致勃勃感觉不到时间的流逝，总要待上整个上午才意犹未尽地离去。每周有如此的修身养性和充电活血项目，前期的疲劳得以修复，得以充沛精力重新投入下周紧张的工作中。这种身心放松所获得的愉悦与福利，都源于我们拳友会遇到了一位拳术正清、德艺双馨的太极拳老师——黄仁良。

当老师其实也讲"缘分"，黄老师的职业虽不是教师，但也与老师有着不解之缘。在年轻时他曾是地区民校的文化老师，也曾当过职工业余学校的教师，后来又为传播太极文化，既当学生又当老师，一教也有五十载。黄老师自1960年开始学练简化太极拳24式、88式，至1968年拜在上海太极拳名家张玉大师门下，系统地潜心修习杨式传统太极拳，包括行功走架、太极推手、散手，以及刀、剑、枪杆等系列内容，专心修习，艺耕不辍，寓学于教，寓教于学。20世纪70年代初他曾在上海浦东公园边学边教，尽心传播杨式传统太极拳，20世纪80年代初还协助张玉大师在上海武术协会教拳，退休后便在金杨社区设场教拳，自2007年起同时又在浦东世纪公园授拳。黄老师现已80多岁高龄还在授拳著书，几十年如一日坚持免费教拳。2016年拳友们还为他举办了授拳50周年的庆典活动。

黄老师特别让我们崇拜的是他除了武术功力深厚，还怀有丰富扎实的系统理论功底。这与他几十年来坚持对太极拳的理论研究、广学博采、笔耕不辍有着密切关系。黄老师善学善教，他的教拳方法与众不同，不主张学者依样画葫芦，在拳架动作上学得一模一样，而是注重一招一式的攻防用意，拳架动作应根据各人身体条件量力而行，要求动作放松自然毫不牵强，所有动作须由内动带领外动，以达一动无有不动的立体式运动。

黄老师经常和我们讲拳法拳理，从练拳要领到阴阳八卦，从太极理论到中华文化内涵，从健体养生到为人处事之道，一说就是一两个小时。他说一个练拳之人不懂拳法拳理，就好比瞎子摸象。太极拳没有神秘和玄乎之说，哲理才是太极拳的闪光点。太极拳的一切运动准则都必须以唯物辩证观点对之，黄老师经常和我们解析锻炼要领及含胸拔背、气沉丹田、虚领顶劲、敛臀提裆、气敛入骨、气贯四梢、曲伸开合等名词名句的内涵价值和习练方法。杨式传统太极拳讲究“九节劲节节走螺旋”，动作必须走圆。黄老师提出了“不出方圆”之说，方为矩，圆为规，圆为阴，方为阳，圆之出入，方之进退，方为开展，圆为紧凑，方圆乃规矩之至。他还经常教导我们要科学练拳，太极拳的手法技巧可以千变万化，内劲猝发就是人体能量的释放，终须一贯。

太极拳的运动法则是阴阳互变，在变化中求平衡，在平衡中得和谐；如同人体的和谐也为阴阳平衡，百脉畅通，身心健康，颐养天年。太极拳的炼身以皈原真柔，炼心以清静无欲，炼神以抱一归元。太极拳除了体现哲学辩证关系，还是一门心理学，“用意不用力”的意，便是意念。意念是太极拳锻炼的灵魂，练拳可以不用力，但不能没有意，人们的心理模式将会直接影响练拳的成效，唯有在正确的心理模式作用下，久而久之功力和体质都会有潜移默化的改变。所谓“意气君来骨肉臣”，意念凝聚、心念安和，才能真正控制自己的身体，会感受到一种自由的状态、一种柔软的状态。

从实践到理论，又以理论指导实践，应有多次的反复。太极拳理论的核心即为动静之机、阴阳之母。阴阳八卦五行学是我国古代的唯物辩证论，如老子所说：“有无相生，难易相成，长短相形，上下相倾，音声相和，前后相随。”练拳又必须知行合一，“虚其心，实其腹，弱其志，强其骨”。太极为道，崇尚道法自然。黄老师教拳时说得最多的也是“自然”，“用意不用力”就代表自然之意，有如婴儿手舞足蹈一般的先天自然之动。练拳切莫用力僵硬刻意做作，以松柔自然为宜，贴合每个人先天特性和能力去内在修为，形成自己独一无二的太极。跟老师学拳，拳友们都说特别舒服，也许就是这样一种让人不断追求自然，以达感受自由的路径所使然吧。





黄老师为人谦和，温良恭俭谦让，从未摆出老师的架子，总说和大家还是亦师亦友为好，大家都是朋友，我是你们的老师，你们也是我的老师，“三人行必有我师焉”。学练太极拳没有止境，太极文化及其理念与中国传统国学源远流长、一脉相承，穷其一生之精力也只能是离真相不断接近而已。有些人仅学练了一点皮毛功夫，就自命不凡得意扬扬，那是非常不可取的。

当代已进入信息社会，有关太极拳的书籍、网络信息层出不穷，而传统的太极拳术则日渐式微。上海汇川拳友会得到黄老师的“钟爱”，还坚持着原汁原味的传统拳术锻炼。我们的拳友都来自各行各业的白领，文化层次较高，“免疫力”也较强，与一些公园和社区练拳操的老人们不同，黄老师希望有更多知识青年能加入到正宗太极拳习练行列，弘扬中华武术，让太极文化走进年轻人的世界，才能实现太极拳的健康发展和发扬光大，让更多的人感受到太极拳本源之美。

我们拳友会全体拳友和黄老师的缘分还在继续，相信和太极拳的缘分也会伴随我们一生。黄老师有关太极拳技艺探讨和理论研究的点点滴滴，希望能惠及更多的太极拳爱好者。谨以此后记表达我们对黄老师谆谆教诲、无私传授的感激之情，表达对新书面世的期待之心，更表达我们对杨式传统太极拳发扬光大的拳拳之意！

上海汇川拳友会

执笔：周蘋

2018年8月

黄仁良授拳50年合影

2011年拳友活动合影

河北邯郸杨式太极拳
流合影

参加上海闵行武术
研修论坛合影

沈行佐先生（左六）

2015年拳友活动合影

2018年拳友活动合影

参加张玉推手培训班的部分学员聚会合影

黄仁良年轻时剑照

黄仁良年轻时拳照